쏙쏙
한국어 어휘왕
TOPIK I 초급

만 점 다지기 **1600**제

단어 사전 문제집
WORKBOOK

시대에듀

한국어를 공부하는 여러분에게

> "
> 나는 배웠다.
> 어떤 일이 일어나도
> 그것이 오늘 아무리 안 좋아 보여도
> 삶은 계속된다는 것을.
> 내일이면 더 나아진다는 것을.
> "

이것은 마야 안젤루 시인이 쓴 '나는 배웠다'라는 시의 한 부분입니다.
여러분은 이 글을 읽고 내용을 다 이해하셨나요? 혹시 모르는 단어는 없었나요?
만약 모르는 단어가 있다면 이 책으로 공부해 보세요!

『쏙쏙 한국어 어휘왕 – TOPIK I 단어 사전 문제집』은 다양한 퀴즈를 풀면서 초급 수준의 한국어
단어를 공부할 수 있게 만들어졌습니다.

❶ 한국어 원어민이 읽어 주는 단어 MP3를 들으며, 쓰기 연습을 할 수 있어요.

❷ 다양한 유형의 그림 퀴즈와 문장 문제를 풀면서 자연스럽게 단어를 암기할 수 있어요.

무엇보다도 공부는 매일 규칙적으로 하는 것이 중요합니다. 매일 새로운 단어를 공부하기 전에,
전날 공부한 단어 중 잊은 것이 없는지 가벼운 마음으로 확인하고 반복해서 보는 것이 좋습니다.

그러면 알려 드린 시는 물론, 여러분이 좋아하는 모든 글을 쉽게 읽을 수 있을 거예요.
오늘보다 내일, 더 많은 단어가 여러분의 머릿속에 들어와 있을 테니까요.
여러분이 공부하는 동안, 항상 응원하고 있겠습니다. 파이팅!

『쏙쏙 한국어 어휘왕』 집필진 일동

P.S. 시리즈 도서인 단어 사전(TEXTBOOK)에는 어휘에 대한 많은 정보가 있답니다.
예문과 함께 유의어, 반의어, 문장의 형식을 공부하고 나면 단어를 더 오래 기억할 수 있을 거예요!

TOPIK 시험 소개

TOPIK은 Test Of Proficiency in Korean의 약자로 재외동포 및 외국인에게 한국어 학습의 방향을 제시하고 한국어 보급을 확대하고자 하는 시험입니다. 나아가 그들의 한국어 사용 능력을 측정·평가한 결과는 국내 대학 유학 및 한국 기업체 취업 등에 활용됩니다.

문항 구성

수준	TOPIK I		TOPIK II		
영역(시간)	듣기(40분)	읽기(60분)	듣기(60분)	쓰기(50분)	읽기(70분)
문제 유형과 문항 수	객관식 30문항	객관식 40문항	객관식 50문항	주관식 4문항	객관식 50문항
만점	100점	100점	100점	100점	100점
총점	200점		300점		

등급별 평가 기준

수준	TOPIK I		TOPIK II			
등급	1급	2급	3급	4급	5급	6급
등급 결정	80점 이상	140점 이상	120점 이상	150점 이상	190점 이상	230점 이상

국제 통용 한국어 표준 교육과정을 기준으로
TOPIK 급수별 어휘를 선별한
쏙쏙 한국어 어휘왕!
어떻게 만들어졌는지 지금부터 한번 살펴볼까요?

보기만 해도 저절로 외워지는 암기용 영상
www.youtube.com ➔ KOREAN BOX ➔ 재생 목록
➔ 한국어 초급 어휘 1500(Korean Beginner Vocabulary 1500)

쉽고 재미있게, 쏙쏙 한국어 어휘왕!

만점으로 향하는 1600제

 ▶

저자 선생님의 유튜브 채널에서 암기용 깜빡이 영상으로 혼자서도 한국어 단어를 공부할 수 있어요. 반복해서 따라 읽어 보면 더욱 좋아요. 표지의 QR코드를 찍으면 한국어 원어민의 발음이 담긴 MP3 파일도 다운로드 받을 수 있어요. (※ 실제 화면 구성은 다를 수 있습니다.)

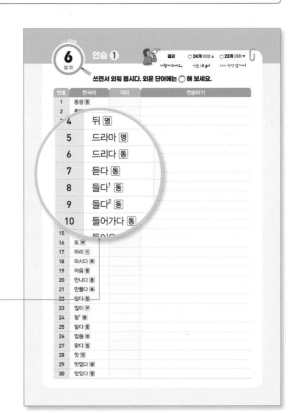

쓰면서 암기하기

듣다? 들다? 귀와 입으로 단어를 외운 후, 정확한 철자를 손으로 쓰면서 익히세요.

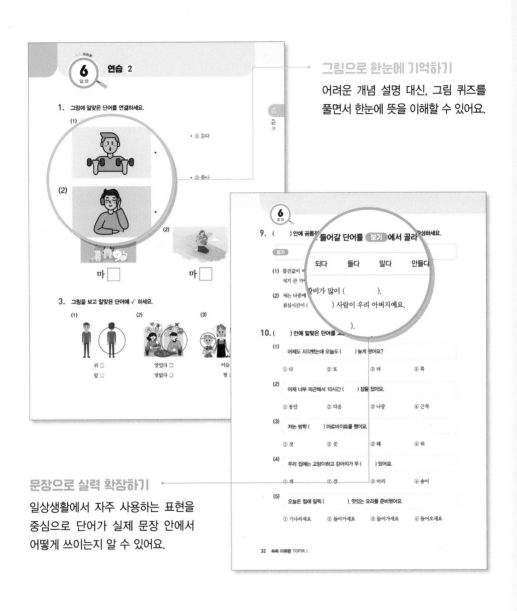

그림으로 한눈에 기억하기

어려운 개념 설명 대신, 그림 퀴즈를
풀면서 한눈에 뜻을 이해할 수 있어요.

문장으로 실력 확장하기

일상생활에서 자주 사용하는 표현을
중심으로 단어가 실제 문장 안에서
어떻게 쓰이는지 알 수 있어요.

이 책에 사용된 기호

명 명사	동 동사	형 형용사	수 수사	대 대명사
의 의존 명사	부 부사	관 관형사	감 감탄사	

목차

초급
문제집

TOPIK I

1. TOPIK 1급과 2급에 자주 나오는 단어를 각각 가나다순으로 정리하였습니다.

2. 연습1 MP3를 들으며 쓰기 연습을 해 보세요. 단어 암기에 도움이 될 거예요.
   연습2 다양한 퀴즈를 풀어 보세요. 단어를 쉽게 이해하고 오래 기억할 수 있을 거예요.

3. 한국어는 앞말에 따라 '조사'의 형태가 달라집니다. 아래 표에 나온 문장의 형식을 확인하세요.

	앞말에 받침이 있을 때	앞말에 받침이 없을 때
N이/가	꽃잎이 빨갛다	열매가 빨갛다
	소년이 웃는다	소녀가 웃는다
N을/를	달을 보다	해를 보다
	밥을 먹다	딸기를 먹다
N와/과	달과 해	해와 달
	빵과 우유	우유와 빵
N(으)로	집으로 가다	학교로 가다
	앞말이 사람(동물)일 때	**앞말이 사람(동물)이 아닐 때**
N에/에게/께	선생님에게 제출하다	학교에 제출하다
	선생님께 제출하다	–

쓰면서 외워 봅시다. 외운 단어에는 ◯ 해 보세요.

번호	한국어	의미	연습하기
①	가게 명	shop	가게
2	가격 명		
3	가구 명		
4	가깝다 형		
5	가다 동		
6	가르치다 동		
7	가방 명		
8	가볍다 형		
9	가수 명		
10	가요 명		
11	가운데 명		
12	가을 명		
13	가장 부		
14	가족 명		
15	가지다 동		
16	갈아타다 동		
17	감기 명		
18	감사 명		
19	값 명		
20	같다 형		
21	같이 부		
22	개 의		
23	거기 대		
24	거실 명		
25	건강 명		
26	건너편 명		
27	건물 명		
28	걷다 동		
29	걸다 동		
30	것 의		

1. 그림에 알맞은 단어를 연결하세요.

(1)

　·

· ① 옷 가게

(2)

　·

· ② 신발 가게

2. 그림을 보고 □에 알맞은 글자를 쓰세요.

(1)

가 □

(2)

가 □

(3)

가 □

3. 그림을 보고 알맞은 단어에 ✓ 하세요.

(1)

사과 세 개 □
사과 세 것 □

(2)

가을 □
겨울 □

(3)

무겁다 □
가볍다 □

4. 그림과 관계있는 문장을 연결하세요.

(1)  •

• ① 학교에 갑니다.

(2)  •

• ② 한국어를 가르칩니다.

(3)  •

• ③ 옷걸이에 옷을 걸었습니다.

5. 그림을 보고 대화를 완성하세요.

(1)

가: 사과와 바나나의 색깔이 _____?
나: 아니요, 달라요.

(2)

가: 학교에서 집까지 멀어요?
나: 아니요, _____.

(3)

가: 명동에 가려면 어디에서 내려야 돼요?
나: 동대문역에서 내려서 4호선으로 _____ 돼요.

6. ( ) 안에서 알맞은 단어를 골라 ○ 하세요.

(1) 제 취미는 사진을 찍으면서 여행을 하는 (것, 곳)이에요.

(2) 영희 씨, 제가 (거기, 여기)로 갈게요. 조금만 기다리세요.

(3) 오렌지 한 (것, 개)에 천오백 원이에요.

7. ( ) 안에 알맞은 단어를 보기 에서 고르세요.

보기   건강   건물   감기   가요   가수   감사   거실

(1) 이 ( )은/는 20년 전에 지었어요.

(2) 친구가 ( )에 걸려서 오늘 학교에 못 왔어요.

(3) 저는 노래를 좋아해서 ( ) 프로그램을 자주 봐요.

(4) 사랑도 중요하고 돈도 중요하지만 제일 중요한 것은 ( )예요/이에요.

(5) 어버이날에 부모님께 ( ) 편지를 썼어요.

8. ( ) 안에 공통적으로 들어갈 단어를 고르세요.

(1)
우리 집은 학교에서 정말 ( ).
저하고 제일 ( ) 친구는 민수 씨예요.

① 같다   ② 다르다   ③ 가깝다   ④ 가볍다

(2)
제가 ( ) 돈은 만 원이 전부예요.
민수 씨는 어떤 취미를 ( ) 있어요?

① 가다   ② 걸다   ③ 가지다   ④ 갈아타다

(3)
어젯밤에 잘 자서 몸이 ( ).
발표가 끝나서 마음이 아주 ( ).

① 같다   ② 다르다   ③ 가깝다   ④ 가볍다

9. ( ) 안에 알맞은 단어를 고르세요.

(1)
> 이 벽에는 바다 그림을 ( ) 좋겠어요.

① 가면　　　　② 가지면　　　　③ 걸면　　　　④ 걸으면

(2)
> 저는 지난주에 친구하고 ( ) 도서관에서 공부했어요.

① 같이　　　　② 혼자　　　　③ 꼭　　　　④ 너무

(3)
> 다음 역에서 내려서 버스로 ( ) 돼요.

① 걸으면　　　　② 가지면　　　　③ 가르치면　　　　④ 갈아타면

10. 다음 밑줄 친 단어와 비슷한 의미의 단어를 고르세요.

(1)
> 약국에 가려면 길 맞은편에 있는 건물로 가면 돼요.

① 사이　　　　② 가운데　　　　③ 건너편　　　　④ 왼쪽

(2)
> 요즘 과일 가격이 올라서 너무 비싸요.

① 값　　　　② 맛　　　　③ 돈　　　　④ 색

(3)
> 마트는 식당하고 은행 사이에 있어요.

① 뒤　　　　② 맞은편　　　　③ 가운데　　　　④ 건너편

(4)
> 저는 과일 중에서 사과를 제일 좋아해요.

① 혼자　　　　② 가장　　　　③ 같이　　　　④ 계속

쓰면서 외워 봅시다. 외운 단어에는 ○ 해 보세요.

번호	한국어	의미	연습하기
1	게임 명		
2	겨울 명		
3	계속 부		
4	계시다 동		
5	계절 명		
6	계획 명		
7	고기 명		
8	고르다 동		
9	고맙다 형		
10	고프다 형		
11	고향 명		
12	곳 명		
13	공부 명		
14	공원 명		
15	공책 명		
16	공항 명		
17	과일 명		
18	괜찮다 형		
19	교실 명		
20	교통 명		
21	구경 명		
22	구두 명		
23	국적 명		
24	권 의		
25	귀 명		
26	그 관, 대		
27	그것 대		
28	그래 감		
29	그래서 부		
30	그러니까 부		

연습 2

1. 그림에 알맞은 단어를 연결하세요.

(1)

• ① 구두

(2)

• ② 교실

2. 그림을 보고 □에 알맞은 글자를 쓰세요.

(1)

공 □

(2)

공 □

(3)

공 □

3. 무엇에 대한 그림인지 보기 에서 알맞은 단어를 고르세요.

보기   교통   과일   국적   계절

(1) (   )

(2) (   )

(3) (   )

4. 그림과 관계있는 문장을 연결하세요.

(1)

· · ① 친구는 도서관에서 공부를 합니다.

(2)

· · ② 부모님께서는 지금 댁에 계십니다.

(3)

· · ③ 아침을 안 먹어서 배가 고픕니다.

(4)

· · ④ 저는 게임을 합니다.

5. 그림을 보고 대화를 완성하세요.

(1)

가: 무슨 계절을 좋아해요?

나: 저는 _____.

(2)

가: 책상 위에 책이 얼마나 있어요?

나: _____.

(3)

가: 이건 뭐예요?

나: _____.

6. (　　　) 안에서 알맞은 단어를 골라 ○ 하세요.

(1) 제가 자주 가는 (것, 곳)은 도서관이에요.

(2) 미안해요. 저는 (거기, 고기)를 못 먹어요.

(3) 책상 위에 책이 세 (권, 개) 있어요.

(4) 밖이 너무 시끄러워서 (귀, 코)를 막았어요.

7. (　　　) 안에 알맞은 단어를 보기 에서 고르세요.

> 보기 　　　　　공항　　　교실　　　구경　　　과일　　　그것

(1) 동대문에는 예쁜 옷이 많아요. 그래서 옷 (　　　)을 하러 갔어요.

(2) 우리나라에는 싸고 맛있는 (　　　)이 많이 있어요.

(3) 오늘 부모님이 한국에 오세요. 그래서 (　　　)에 가야 돼요.

8. (　　　) 안에 공통적으로 들어갈 단어를 고르세요.

(1)
> 오늘 아침부터 (　　　　) 비가 와요.
> 일주일 동안 (　　　　) 아르바이트를 했어요.

　① 계속　　　　　② 꼭　　　　　③ 가장　　　　　④ 같이

(2)
> 어제는 머리가 아팠어요. (　　　　) 학교에 못 갔어요.
> 부모님이 너무 보고 싶어요. (　　　　) 전화를 했어요.

　① 그리고　　　　② 그래서　　　　③ 그런데　　　　④ 그렇지만

(3)
> 날씨가 좋아요. (　　　　) 산책하러 갈까요?
> 내일 시험이에요. (　　　　) 같이 공부해요.

　① 그리고　　　　② 그래서　　　　③ 그러니까　　　④ 그렇지만

9. ( ) 안에 알맞은 단어를 고르세요.

(1)

> 가: 주말이니까 같이 공원에서 자전거 탈까? / 나: ( ), 좋아.

① 아니   ② 그래   ③ 괜찮아   ④ 고마워

(2)

> 가: 도와줘서 정말 ( ). / 나: 아니에요.

① 그래요   ② 고마워요   ③ 괜찮아요   ④ 미안해요

(3)

> 가: 먹고 싶은 거 마음대로 다 ( ). 오늘은 제가 살게요.
> 나: 정말요? 알았어요.

① 좋아요   ② 계세요   ③ 골라요   ④ 고파요

10. 무엇에 대한 글인지 알맞은 단어를 고르세요.

(1)

> 한국에는 봄, 여름, 가을, 겨울이 있어요. 봄에는 날씨가 따뜻해요. 여름에는 날씨가 덥고 비가 많이 와요. 가을에는 날씨가 시원해요. 겨울에는 눈이 오고 추워요.

① 겨울   ② 가을   ③ 계획   ④ 계절

(2)

> 저는 방학에 친구하고 같이 부산으로 여행을 가려고 해요. 기차표도 미리 예매했고 호텔도 미리 전화해서 예약했어요. 먹고 싶은 음식과 가고 싶은 곳을 모두 인터넷에서 찾아보고 수첩에 썼어요.

① 계절   ② 계획   ③ 구경   ④ 계속

(3)

> 저는 베트남 하노이에서 태어났어요. 하노이는 경치가 아름답고 사람들도 친절해요. 맛있는 음식도 많이 있어요. 저는 지금 한국에서 공부하고 있지만 빨리 공부를 끝내고 하노이로 돌아가고 싶어요.

① 교통   ② 국적   ③ 고향   ④ 과일

쓰면서 외워 봅시다. 외운 단어에는 ◯ 해 보세요.

번호	한국어	의미	연습하기
1	그러면 부		
2	그런데 부		
3	그럼 부		
4	그렇다 형		
5	그렇지만 부		
6	그릇 명		
7	그리고 부		
8	그리다 동		
9	그림 명		
10	그저께 부, 명		
11	그쪽 대		
12	극장 명		
13	근처 명		
14	글 명		
15	글쎄요 감		
16	기간 명		
17	기다리다 동		
18	기분 명		
19	기쁘다 형		
20	기숙사 명		
21	기차 명		
22	길 명		
23	길다 형		
24	깨끗하다 형		
25	꼭 부		
26	꽃 명		
27	끄다 동		
28	끝나다 동		
29	나 대		
30	나가다 동		

1. 그림에 알맞은 단어를 연결하세요.

(1)

・

・ ① 극장

(2)

・

・ ② 기차

2. 그림을 보고 □에 알맞은 글자를 쓰세요.

(1)

그 □

(2)

그 □

3. 그림을 보고 알맞은 단어에 ✓ 하세요.

(1)

짧다 □
길다 □

(2)

슬프다 □
기쁘다 □

4. 그림과 관계있는 문장을 연결하세요.

(1)

   •

   • ① 꽃이 피었습니다.

(2)

   •

   • ② 지하철을 기다립니다.

(3)

   •

   • ③ 길이 복잡합니다.

5. 그림을 보고 대화를 완성하세요.

(1)

가: 지금 뭐 해요?

나: _____.

(2)

가: 방이 더러워요?

나: 아니요, _____.

(3)

가: 어디에서 살아요?

나: 학교 안 _____.

(4)

가: 무슨 일 있어요?

나: 시험을 잘 못 봐서 _____.

6. ( ) 안에서 알맞은 단어를 골라 ○ 하세요.

(1) 친구하고 이야기를 해 보세요. (그러면, 그런데) 마음이 편해질 거예요.

(2) 우리 학교 (근처, 그쪽)에는 맛있는 식당이 많이 있어요.

(3) 다음 주가 시험 (시간, 기간)이라서 도서관에 자리가 없어요.

(4) 시험 시작하기 전에 휴대폰을 모두 (닫아, 꺼) 주세요.

(5) 다음 (글, 길)을 잘 읽고 질문에 대답하세요.

7. ( ) 안에 알맞은 단어를 보기 에서 고르세요.

보기 　　　　　그럼　　　그리고　　　그래서　　　그렇지만

(1) 주말에 집에서 청소를 했어요. ( ) 맛있는 요리도 했어요.

(2) 이 길로 쭉 가세요. ( ) 편의점이 나와요.

(3) 잠을 많이 잤어요. ( ) 계속 피곤해요.

8. ( ) 안에 공통적으로 들어갈 단어를 고르세요.

(1)

> 비가 많이 와요. ( ) 왜 우산을 안 가져왔어요?
> 성격이 좋아요. ( ) 친구가 별로 없어요.

① 그러면　　　② 그런데　　　③ 그리고　　　④ 그래서

(2)

> 약속을 하면 ( ) 지켜야 돼요.
> 신발이 발에 ( ) 맞아요.

① 꼭　　　② 가장　　　③ 그럼　　　④ 계속

(3)

> 쉬는 시간에 밖에 ( ) 운동장에서 축구를 했어요.
> 은행에 가려면 3번 출구로 ( ).

① 나가다　　　② 끝나다　　　③ 그리다　　　④ 기다리다

9. ( ) 안에 알맞은 단어를 고르세요.

(1)

> 오늘 시험이 끝났어요. ( )이/가 너무 좋아요.

① 기차　　　　② 기간　　　　③ 기사　　　　④ 기분

(2)

> 가: 영희 씨는 무슨 영화를 좋아해요?
> 나: ( ). 저는 영화는 별로 안 좋아해요.

① 글쎄요　　　　② 그럼요　　　　③ 좋아요　　　　④ 그래요

(3)

> 가: 어제 옷을 많이 샀어요.
> 나: ( ) 돈을 많이 쓰면 어떡해요?

① 그러면　　　　② 그렇게　　　　③ 저렇게　　　　④ 어떻게

10. 다음 밑줄 친 단어와 반대되는 의미를 가지면서, ( ) 안에 들어갈 단어를 고르세요.

(1)

> 수업을 언제 ( ) 모르지만 조금 후에 끝날 거예요.

① 시작했는지　　② 기다렸는지　　③ 가르쳤는지　　④ 갈아탔는지

(2)

> 교실이 너무 더러웠는데 지금은 청소를 해서 ( ).

① 가벼워요　　② 깨끗해요　　③ 고마워요　　④ 괜찮아요

(3)

> 친구가 아파서 슬펐는데 지금은 다 나아서 ( ).

① 나빠요　　② 고파요　　③ 기뻐요　　④ 아파요

(4)

> 내 친구는 머리가 짧은데 저는 머리가 ( ).

① 길어요　　② 기뻐요　　③ 고파요　　④ 가벼워요

어휘왕

4 일차

연습 ❶

결과　　　○ **24개 이상▲**　　○ **23개 이하▼**

이렇게 하세요。　　연습 2로 옹이!　　다시 한번 암기~!

쓰면서 외워 봅시다. 외운 단어에는 ◯ 해 보세요.

번호	한국어	의미	연습하기
1	나다 동		
2	나라 명		
3	나무 명		
4	나쁘다 형		
5	나오다 동		
6	나중 명		
7	날 명		
8	날씨 명		
9	날짜 명		
10	남동생 명		
11	남자 명		
12	남편 명		
13	낮 명		
14	낮다 형		
15	내 대		
16	내년 명		
17	내리다 동		
18	내일 명. 부		
19	너 대		
20	너무 부		
21	넓다 형		
22	넣다 동		
23	년 의		
24	노래 명		
25	노래방 명		
26	놀다 동		
27	농구 명		
28	높다 형		
29	누구 대		
30	누나 명		

연습 2

1. 그림에 알맞은 단어를 연결하세요.

(1)

・

・ ① 노래방

(2)

・

・ ② 빨래방

2. 그림을 보고 □에 알맞은 글자를 쓰세요.

(1)　　　　　(2)　　　　　(3)　　　　　(4)

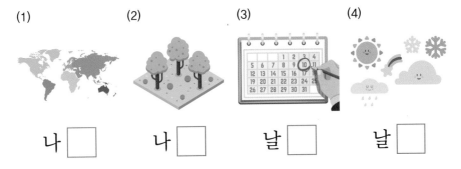

나 □　　　　나 □　　　　날 □　　　　날 □

3. 그림을 보고 알맞은 단어에 ✓ 하세요

(1)　　　　　　　(2)　　　　　　　(3)

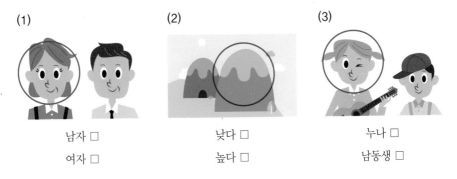

남자 □　　　　낮다 □　　　　누나 □

여자 □　　　　높다 □　　　　남동생 □

4. 그림과 관계있는 문장을 연결하세요.

(1)

•

• ① 오늘 계속 비가 내립니다.

(2)

•

• ② 오늘은 날씨가 좋습니다.

(3)

•

• ③ 나무가 많습니다.

5. 그림을 보고 대화를 완성하세요.

(1)

가: 산이 낮아요?
나: 아니요, _____.

(2)

가: 지금 뭐 해요?
나: _____.

(3)

가: 지금 뭐 해요?
나: _____.

(4)

가: 운동장이 좁아요?
나: 아니요, _____.

6. ( ) 안에서 알맞은 단어를 골라 ○ 하세요.

(1) 방학이 끝나는 (년, 날)이 안 왔으면 좋겠어요.

(2) 이건 (네, 내)가 만든 음식이에요. 한번 먹어 보세요.

(3) 커피에 우유를 (넣어서, 놓아서) 먹으면 더 맛있어요.

(4) 어제 (누구, 무엇)을/를 만났어요?

(5) 여름은 밤보다 (낮, 남)이 더 길어요.

7. ( ) 안에 알맞은 단어를 보기 에서 고르세요.

보기   날씨   날짜   나라   내일   남편

(1) 어느 ( )에서 오셨어요?

(2) 오늘은 ( )이/가 나빠서 등산을 못 해요.

(3) 언제 시험을 보는지 ( )와/과 시간을 알려 주세요.

(4) 오늘은 바쁘니까 ( ) 만나요.

8. ( ) 안에 공통적으로 들어갈 단어를 고르세요.

(1)
시간이 ( ) 같이 식사해요.
저는 화가 ( ) 잠을 자요.

① 하다   ② 나다   ③ 나오다   ④ 내리다

(2)
저는 밖에 ( ) 기분이 좋아요.
책을 읽다가 모르는 단어가 ( ) 사전을 찾아요.

① 하다   ② 나다   ③ 나오다   ④ 내리다

21

9. ( ) 안에 알맞은 단어를 고르세요.

(1)
> 지금은 시간이 없어요. ( ) 전화할게요.

① 계속   ② 너무   ③ 나중에   ④ 그저께

(2)
> 주말에 친구하고 같이 대학로에서 ( ).

① 났어요   ② 내렸어요   ③ 놀았어요   ④ 넣었어요

(3)
> 오늘 하루 종일 아르바이트를 해서 ( ) 피곤해요.

① 꼭   ② 그럼   ③ 같이   ④ 너무

10. 다음 밑줄 친 단어와 반대되는 의미의 단어를 고르세요.

(1)
> 오늘은 정말 기분이 <u>좋아요</u>.

① 고프다   ② 나쁘다   ③ 내리다   ④ 가지다

(2)
> 이 건물은 <u>낮아서</u> 엘리베이터가 없어요.

① 높다   ② 길다   ③ 짧다   ④ 넓다

(3)
> 우리 집은 방은 <u>좁지만</u> 깨끗해서 살기 좋아요.

① 높다   ② 넓다   ③ 길다   ④ 낮다

(4)
> 조금 전에 한 남자가 집으로 <u>들어갔어요</u>.

① 내리다   ② 끝나다   ③ 나오다   ④ 돌아가다

5 일차

연습 ①

결과　○ 24개 이상 ▲　○ 23개 이하 ▼
이렇게 하세요.　연습 2로 쏭!　다시 한번 암기~!

쓰면서 외워 봅시다. 외운 단어에는 ○ 해 보세요.

번호	한국어	의미	연습하기
1	눈¹ 명		
2	눈² 명		
3	뉴스 명		
4	늦다 형, 동		
5	다 부		
6	다녀오다 동		
7	다니다 동		
8	다르다 형		
9	다리¹ 명		
10	다시 부		
11	다음 명		
12	단어 명		
13	닫다 동		
14	달 명, 의		
15	달다 형		
16	담배 명		
17	대답 명		
18	대사관 명		
19	대학교 명		
20	대학생 명		
21	대화 명		
22	더 부		
23	덥다 형		
24	도서관 명		
25	도와주다 동		
26	도착 명		
27	돈 명		
28	돌아가다 동		
29	돌아오다 동		
30	돕다 동		

연습 2

1. 그림에 알맞은 단어를 연결하세요.

(1)

· ① 돈

(2)

· ② 눈

2. 그림을 보고 □에 알맞은 글자를 쓰세요.

(1)

대 □ □

(2)

대 □ □

(3)

대 □ □

3. 그림을 보고 알맞은 단어에 ✓ 하세요.

(1)

시다 □
달다 □

(2)

머리 □
다리 □

(3)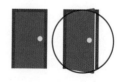

닫다 □
열다 □

4. 그림과 관계있는 문장을 연결하세요.

(1)

   •

      • ① 대학생이 되었어요.

(2)

   •

      • ② 할머니를 도와줘요.

5. 그림을 보고 대화를 완성하세요.

(1)

가: 날씨가 추워요?

나: 아니요, _____.

(2)

가: 오늘 날씨가 어때요?

나: 하늘에서 _____.

(3)

가: 나라가 같아요?

나: 아니요, _____.

(4)

가: 여기에서 _____ 돼요?

나: 아니요, 안 돼요.

25

6. (   ) 안에서 알맞은 단어를 골라 ○ 하세요.

(1) 숙제를 (더, 다) 했어요. 그래서 친구하고 놀러 갈 거예요.

(2) 공부했는데 잊어버렸어요. 그래서 (다시, 다음) 외우려고 해요.

(3) 한국에 온 지 벌써 세 (날, 달)이 지났어요.

7. (   ) 안에 알맞은 단어를 보기 에서 고르세요.

> 보기   단어   대답   대화   뉴스   대사관   도서관

(1) 모르는 (   )이/가 나오면 사전을 찾으세요.

(2) 저는 비자를 만들러 (   )에 가야 돼요.

(3) 아이들에게는 부모님과의 (   )이/가 정말 중요해요.

(4) 저는 매일 아침 (   )에서 일기예보를 들어요.

8. (   ) 안에 공통적으로 들어갈 단어를 고르세요.

(1)
> 학교를 졸업하면 고향으로 (   ) 거예요.
> 쭉 가다가 사거리에서 왼쪽으로 (   ).

① 내리다   ② 나가다   ③ 들어가다   ④ 돌아가다

(2)
> 약속 시간에 (   ) 않게 빨리 가야 돼요.
> 내일 시험이니까 (   ) 안 돼요.

① 닫다   ② 늦다   ③ 돕다   ④ 놀다

(3)
> 저는 한국대학교에 (   ).
> 여기는 사람들이 많이 (   ) 길이에요.

① 나가다   ② 내리다   ③ 다니다   ④ 다녀오다

9. ( ) 안에 알맞은 단어를 고르세요.

(1)

저는 버스보다 지하철이 ( ) 편해요.

① 다   ② 또   ③ 더   ④ 꼭

(2)

한국에 오고 ( ) 날부터 비가 오기 시작했어요.

① 내년   ② 다음   ③ 나중   ④ 내일

(3)

이 일은 급하지 않으니까 여행을 ( ) 하겠습니다.

① 끝나서   ② 나와서   ③ 기다려서   ④ 다녀와서

(4)

저는 집에 ( ) 먼저 숙제를 합니다.

① 내리면   ② 다니면   ③ 돌아오면   ④ 돌아다니면

10. 다음 밑줄 친 단어와 반대되는 의미의 단어를 고르세요.

(1)

지금 일어나서 학교에 가면 너무 <u>빨라요</u>.

① 낮다   ② 늦다   ③ 높다   ④ 넓다

(2)

9시 비행기니까 지금 <u>출발해야</u> 돼요.

① 갈아타다   ② 돌아가다   ③ 도착하다   ④ 다녀오다

(3)

너무 더우니까 창문 좀 <u>열어</u> 주세요.

① 끄다   ② 닫다   ③ 가지다   ④ 고르다

6 일차

연습 ①

결과	○ 24개 이상 ▲	○ 23개 이하 ▼
이렇게 하세요.	연습 2로 &!	다시 한번 암기~!

쓰면서 외워 봅시다. 외운 단어에는 ◯ 해 보세요.

번호	한국어	의미	연습하기
1	동생 명		
2	동안 명		
3	되다 동		
4	뒤 명		
5	드라마 명		
6	드리다 동		
7	듣다 동		
8	들다¹ 동		
9	들다² 동		
10	들어가다 동		
11	들어오다 동		
12	등산 명		
13	따뜻하다 형		
14	딸 명		
15	때 명		
16	또 부		
17	마리 의		
18	마시다 동		
19	마음 명		
20	만나다 동		
21	만들다 동		
22	많다 형		
23	많이 부		
24	말¹ 명		
25	말다 동		
26	말씀 명		
27	맑다 형		
28	맛 명		
29	맛없다 형		
30	맛있다 형		

6 일차 쏙쏙 어휘왕

연습 2

1. 그림에 알맞은 단어를 연결하세요.

(1)

　　　　•

•　① 들다

(2)

　　　　•

•　② 들다

2. 그림을 보고 □에 알맞은 글자를 쓰세요.

(1)

마 □

(2)

마 □

3. 그림을 보고 알맞은 단어에 ✓ 하세요.

(1)

뒤 □
앞 □

(2)

맛있다 □
맛없다 □

(3)

아들 □
딸 □

4. 그림과 관계있는 문장을 연결하세요.

(1)  ・

・ ① 날씨가 따뜻해요.

(2)  ・

・ ② 교실로 들어가요.

(3)  ・

・ ③ 어머니께 선물을 드렸어요.

5. 그림을 보고 대화를 완성하세요.

(1)

가: 어제 무엇을 했어요?

나: _____.

(2)

가: 지금 무엇을 해요?

나: _____.

(3)

가: 지금 날씨가 흐려요?

나: 아니요, _____.

(4)

가: 음식이 어때요?

나: _____.

6. 다음 문장의 밑줄 친 부분을 맞게 고쳐 보세요.

(1) 어머니가 지금 <u>만들시는</u> 음식은 불고기예요.

⇒ (   )

(2) 할머니께서 해 주시는 <u>말</u>을 듣고 생각을 했어요.

⇒ (   )

(3) 수업 시간에는 영어를 쓰지 <u>않고</u> 한국어로 말하세요.

⇒ (   )

7. (   ) 안에 알맞은 단어를 보기 에서 고르세요.

보기				
	마음	동생	드라마	등산

(1) 주말에 (   )을/를 가서 단풍 구경을 했습니다.

(2) 저는 친구가 선물해 준 모자가 정말 (   )에 들어요.

(3) 저는 고향에 있을 때 한국 (   )을/를 자주 봤어요.

8. 다음 두 단어의 관계가 나머지 셋과 <u>다른</u> 것을 고르세요.

(1)

① 맑다 – 흐리다   ② 많다 – 적다

③ 들어가다 – 내려가다   ④ 맛있다 – 맛없다

(2)

① 앞 – 뒤   ② 딸 – 아들

③ 많이 – 조금   ④ 또 – 다시

9. ( ) 안에 공통적으로 들어갈 단어를 보기 에서 골라 문장을 완성하세요.

> 보기   되다   들다   말다   만들다

(1) 물건값이 비싸서 생활비가 많이 ( ).

저기 큰 가방을 ( ) 사람이 우리 아버지예요.

(2) 저는 나중에 선생님이 ( ).

점심시간이 ( ) 사람들이 모두 나갔습니다.

10. ( ) 안에 알맞은 단어를 고르세요.

(1)

> 어제도 지각했는데 오늘도 ( ) 늦게 왔어요?

① 다   ② 또   ③ 더   ④ 꼭

(2)

> 어제 너무 피곤해서 10시간 ( ) 잠을 잤어요.

① 동안   ② 다음   ③ 나중   ④ 근처

(3)

> 저는 방학 ( ) 아르바이트를 했어요.

① 것   ② 곳   ③ 때   ④ 뒤

(4)

> 우리 집에는 고양이하고 강아지가 두 ( ) 있어요.

① 개   ② 장   ③ 마리   ④ 송이

(5)

> 오늘은 집에 일찍 ( ). 맛있는 요리를 준비했어요.

① 기다리세요   ② 돌아가세요   ③ 들어가세요   ④ 들어오세요

연습 ①

쓰면서 외워 봅시다. 외운 단어에는 ◯ 해 보세요.

번호	한국어	의미	연습하기
1	맞다 동		
2	매일 부		
3	맵다 형		
4	머리 명		
5	먹다 동		
6	먼저 부		
7	멀다 형		
8	멋있다 형		
9	메뉴 명		
10	며칠 명		
11	명 의		
12	몇 관		
13	모두 부		
14	모레 부, 명		
15	모르다 동		
16	모자 명		
17	목 명		
18	목욕탕 명		
19	몸 명		
20	못 부		
21	못하다 동		
22	무겁다 형		
23	무슨 관		
24	무엇 대		
25	문 명		
26	문화 명		
27	묻다 동		
28	물 명		
29	물건 명		
30	뭐 대		

1. 그림에 알맞은 단어를 연결하세요.

(1)

・　　　　　　　　　・ ① 물

(2)

・　　　　　　　　　・ ② 문

2. 그림을 보고 □에 알맞은 글자를 쓰세요.

(1) □□

(2) □

(3) □

3. 그림을 보고 알맞은 단어에 ✓ 하세요.

(1)

모레 □
그제 □

(2)

달다 □
맵다 □

(3)

물건 □
사람 □

4. 그림과 관계있는 문장을 연결하세요.

(1)

•   • ① 모자를 썼어요.

(2)

•   • ② 머리를 잘라요.

5. 그림을 보고 대화를 완성하세요.

(1)

가: 가방이 가벼워요?

나: 아니요, _____.

(2)

가: 김치 맛이 어때요?

나: 조금 _____.

(3)

가: 영희 씨의 남자 친구가 어때요?

나: 와, 정말 _____.

(4)

가: 학교에서 집까지 가까워요?

나: 아니요, _____.

6. 다음 문장의 밑줄 친 부분을 맞게 고쳐 보세요.

(1) 오늘이 몇 월 몇 일입니까?

⇒ (   )

(2) 민수 씨는 <u>무엇</u> 영화를 좋아해요?

⇒ (   )

(3) 길을 잘 모르면 다른 사람에게 <u>묻어야</u> 돼요.

⇒ (   )

7. (   ) 안에 알맞은 단어를 보기 에서 고르세요.

> 보기   문화   모자   물건   메뉴

(1) 등산을 갈 때에는 편한 옷을 입고 (   )을/를 쓰는 것이 좋아요.

(2) 나라마다 (   )이/가 달라서 참 재미있어요.

(3) 다른 사람의 (   )을/를 마음대로 사용하면 안 돼요.

8. (   ) 안에 공통적으로 들어갈 단어를 고르세요.

(1)
> 가방에 책이 들어 있어서 너무 (   ).
> 어제 잠을 두 시간밖에 못 자서 몸이 너무 (   ).

① 멀다   ② 멋있다   ③ 무겁다   ④ 넓다

(2)
> 저는 아침을 (   ) 학교에 갔어요.
> 어렸을 때 설날에 떡국을 두 그릇 먹으면 나이를 두 살 (   ) 생각했어요.

① 먹다   ② 모르다   ③ 묻다   ④ 만들다

9. 다음 두 단어의 관계가 나머지 셋과 <u>다른</u> 것을 고르세요.

(1)

① 맞다 – 틀리다	② 먼저 – 나중
③ 매일 – 날마다	④ 멀다 – 가깝다

(2)

① 알다 – 모르다	② 무겁다 – 가볍다
③ 모두 – 전부	④ 못하다 – 잘하다

10. ( ) 안에 알맞은 단어를 고르세요.

(1)

집에 오면 ( ) 손부터 깨끗하게 씻어야 해요.

① 너무   ② 먼저   ③ 계속   ④ 많이

(2)

하루에 ( ) 시간 동안 공부를 해요?

① 몇   ② 무슨   ③ 어느   ④ 여러

(3)

저는 피아노는 ( ) 치지만 기타는 칠 줄 알아요.

① 꼭   ② 못   ③ 또   ④ 다

(4)

우리 고향에서 한국까지 너무 ( ).

① 멀어요   ② 멋있어요   ③ 무거워요   ④ 넓어요

(5)

저는 한국 친구가 한 ( )도 없어요.

① 개   ② 분   ③ 명   ④ 마리

쓰면서 외워 봅시다. 외운 단어에는 ○ 해 보세요.

번호	한국어	의미	연습하기
1	미안하다 형		
2	미용실 명		
3	밑 명		
4	바꾸다 동		
5	바다 명		
6	바람 명		
7	바로 부		
8	바쁘다 형		
9	바지 명		
10	박물관 명		
11	밖 명		
12	반¹ 명		
13	반² 명		
14	반갑다 형		
15	받다 동		
16	발 명		
17	밤 명		
18	밥 명		
19	방 명		
20	방학 명		
21	배¹ 명		
22	배² 명		
23	배우 명		
24	배우다 동		
25	백 수, 관		
26	백화점 명		
27	버스 명		
28	번 의		
29	번호 명		
30	별로 부		

8 일차 **연습 2**

1. 그림에 알맞은 단어를 연결하세요.

(1)  ·

· ① 미용실

(2)   ·

· ② 백화점

2. 그림을 보고 □에 알맞은 글자를 쓰세요.

(1)

바 □

(2)

바 □

(3)

바 □

3. 그림을 보고 알맞은 단어에 ✓ 하세요.

(1)

밖 □
안 □

(2)

손 □
발 □

(3)

위 □
밑 □

39

8
일차

4. 그림과 관계있는 문장을 연결하세요.

(1)  • • ① 배가 아파요.

(2)  • • ② 배를 탔어요.

(3)  • • ③ 배가 맛있어요.

5. 그림을 보고 대화를 완성하세요.

(1)
가: 안녕하세요? 저는 김민수라고 합니다.
나: 안녕하세요? 저는 이영희예요.
　　만나서 _____.

(2)
가: 오늘 날씨가 어때요?
나: _____.

(3)
가: 이번 주말에 뭐 해요? 같이 영화 볼까요?
나: 미안해요. 요즘 일이 많아서 _____.
　　다음에 봐요.

(4)
가: 학교에 어떻게 와요?
나: _____.

6. ( ) 안에서 알맞은 단어를 골라 ○ 하세요.

(1) 저는 쉬는 시간에 교실 (발, 밖)에서 친구를 만났어요.

(2) 제 (밤, 방)에는 책상하고 침대가 있지만 냉장고는 없어요.

(3) 오늘 숙제는 배운 단어를 열 (반, 번)씩 쓰는 것이에요.

7. ( ) 안에 알맞은 단어를 **보기** 에서 고르세요.

보기	바로 매일 별로

(1) 이번 겨울에는 날씨가 ( ) 춥지 않았어요.

(2) 너무 피곤해서 침대에 눕자마자 ( ) 잠이 들었어요.

8. ( ) 안에 공통적으로 들어갈 단어를 고르세요.

(1)

우리 ( ) 친구들은 모두 재미있어요.
저는 한 시간 ( ) 동안 친구를 기다렸어요.

① 밥　　　　② 반　　　　③ 밤　　　　④ 방

(2)

달러를 전부 한국 돈으로 ( ).
어제 산 바지를 치마로 ( ) 왔어요.

① 드리다　　　② 바꾸다　　　③ 배우다　　　④ 보내다

(3)

친구는 전화를 ( ) 밖으로 나갔어요.
오늘 회사에서 월급을 ( ) 기분이 매우 좋아요.

① 받다　　　　② 하다　　　　③ 묻다　　　　④ 듣다

9. 다음 두 단어의 관계가 나머지 셋과 <u>다른</u> 것을 고르세요.

(1)
① 낮 – 밤	② 방학 – 휴가
③ 배우다 – 공부하다	④ 미안하다 – 죄송하다

(2)
① 아래 – 밑	② 주다 – 받다
③ 안 – 밖	④ 배우다 – 가르치다

10. (   ) 안에 알맞은 단어를 고르세요.

(1)
이번 주까지 시험을 보고 다음 주부터 (   )을/를 시작해요.

① 문화   ② 방학   ③ 물건   ④ 바람

(2)
이 영화에 나오는 (   )는 아주 유명한 사람이에요.

① 배우   ② 바지   ③ 번호   ④ 모자

(3)
요즘 너무 (   ) 밥 먹을 시간도 없어요.

① 예뻐서   ② 아파서   ③ 바빠서   ④ 나빠서

(4)
저는 학교에서 한국어를 (   ) 어렵지만 재미있어요.

① 못하는데   ② 바꾸는데   ③ 보내는데   ④ 배우는데

쓰면서 외워 봅시다. 외운 단어에는 ◯ 해 보세요.

번호	한국어	의미	연습하기
1	병¹ 명		
2	병² 명		
3	병원 명		
4	보내다 동		
5	보다 동		
6	보통 부, 명		
7	볼펜 명		
8	봄 명		
9	부르다¹ 동		
10	부모님 명		
11	부엌 명		
12	부탁 명		
13	분¹ 의		
14	분² 의		
15	불 명		
16	불다 동		
17	비 명		
18	비싸다 형		
19	비행기 명		
20	빌리다 동		
21	빠르다 형		
22	빨리 부		
23	빵 명		
24	사귀다 동		
25	사다 동		
26	사람 명		
27	사랑 명		
28	사무실 명		
29	사용 명		
30	사이 명		

연습 2

1. 그림에 알맞은 단어를 연결하세요.

(1) 　　　　　　　　　　· · ① 병원

(2) 　　　　　　　　　　· · ② 부엌

2. 그림을 보고 □에 알맞은 글자를 쓰세요.

(1)

사 □

(2)

사 □

(3)

사 □ □

3. 그림을 보고 알맞은 단어에 ✓ 하세요.

(1)

불 □
물 □

(2)

오다 □
불다 □

(3)

봄 □
가을 □

4. 그림과 관계있는 문장을 연결하세요.

(1)

　•

　　　　　　• ① 부모님께 편지를 써요.

(2)

　•

　　　　　　• ② 비행기를 타고 여행을 가요.

5. 그림을 보고 대화를 완성하세요.

(1)

가: 어제 뭐 했어요?

나: 노래방에서 _____.

(2)

가: 119 차가 여기 왜 왔어요?

나: 저기에 _____.

(3)

가: 어떻게 오셨어요?

나: _____ 왔어요.

(4)

500,000원

가: 가방을 왜 안 샀어요?

나: _____ 안 샀어요.

6. 다음 두 단어의 관계가 어색한 것을 고르세요.

(1)
    ① 바람 – 불다   ② 비 – 내리다

    ③ 빵 – 먹다   ④ 비행기 – 사귀다

(2)
    ① 사용 – 하다   ② 사랑 – 하다

    ③ 볼펜 – 하다   ④ 부탁 – 하다

7. (   ) 안에 알맞은 단어를 [보기]에서 고르세요.

[보기]   사용   보통   부탁   사이

(1) 우리 집하고 편의점 (   )에 공원이 있어요.

(2) 일이 있어서 친구에게 (   )을/를 했는데 다행히 들어줬어요.

(3) 이곳에서는 전화기 (   )을/를 금지하고 있습니다.

8. (   ) 안에 공통적으로 들어갈 단어를 [보기]에서 고르세요.

[보기]   병   분   불   봄

(1) 이곳에 제가 아는 (   )이 계세요.

     9시까지 가야 하는데 벌써 30(   )이 늦었어요.

(2) 어제 친구하고 맥주를 다섯 (   ) 마셨어요.

     할머니께서는 (   )이 있으셔서 항상 아프셨어요.

(3) 날씨가 건조할 때에는 산에 (   )이 나기 쉬워서 조심해야 돼요.

     10시가 되었는데 방에 아직도 (   )이 안 들어와서 어둡네요.

9. 다음 밑줄 친 단어와 반대되는 의미의 단어를 고르세요.

(1)

> 주말에는 길이 막혀서 지하철이 버스보다 더 <u>빨라요</u>.

① 부르다　　　　② 느리다　　　　③ 비싸다　　　　④ 바쁘다

(2)

> 지금 세일 기간이라서 물건값이 <u>싸니까</u> 우리도 구경해요.

① 부르다　　　　② 느리다　　　　③ 비싸다　　　　④ 바쁘다

(3)

> 여기는 서점인데 가방이나 시계도 <u>팔아서</u> 쇼핑하기가 편해요.

① 보다　　　　② 불다　　　　③ 받다　　　　④ 사다

10. (　　　) 안에 알맞은 단어를 고르세요.

(1)

> 우리 숙제를 (　　　) 끝내고 공원에 산책하러 갑시다.

① 보통　　　　② 많이　　　　③ 빨리　　　　④ 매일

(2)

> 친구가 전화를 안 받아서 문자를 (　　　) 있어요.

① 보내고　　　　② 사귀고　　　　③ 부르고　　　　④ 빌리고

(3)

> 갑자기 비가 내려서 사무실에서 우산을 하나 (　　　) 쓰고 왔어요.

① 보내서　　　　② 불러서　　　　③ 물어서　　　　④ 빌려서

(4)

> 요즘 영어를 배우려고 외국인 친구들을 (　　　) 있어요.

① 받고　　　　② 사귀고　　　　③ 보내고　　　　④ 빌리고

쓰면서 외워 봅시다. 외운 단어에는 ○ 해 보세요.

번호	한국어	의미	연습하기
1	사전 몡		
2	사진 몡		
3	산 몡		
4	산책 몡		
5	살¹ 의		
6	살다 동		
7	생각 몡		
8	생신 몡		
9	생일 몡		
10	생활 몡		
11	샤워 몡		
12	서른 수, 관		
13	서점 몡		
14	선물 몡		
15	선생님 몡		
16	설명 몡		
17	세수 몡		
18	소개 몡		
19	소금 몡		
20	손 몡		
21	손님 몡		
22	쇼핑 몡		
23	수업 몡		
24	수영 몡		
25	수영장 몡		
26	수첩 몡		
27	숙제 몡		
28	술 몡		
29	쉬다¹ 동		
30	쉽다 형		

10
일차

연습 2

1. 그림에 알맞은 단어를 연결하세요.

(1)

· ① 사진

(2)

· ② 사전

2. 그림을 보고 □에 알맞은 글자를 쓰세요.

(1)

수 □

(2)

수 □

(3)

수 □

3. 그림을 보고 알맞은 단어에 ✓ 하세요.

(1)

생일 □
생신 □

(2)

손 □
발 □

49

4. 그림과 관계있는 문장을 연결하세요.

(1)

• ① 책을 사고팔아요.

(2)

• ② 수영을 하러 가요.

5. 그림을 보고 대화를 완성하세요.

(1)

가: 공원에서 뭐 해요?

나: _____.

(2)

가: 민수 씨, 나이가 어떻게 돼요?

나: _____.

(3)

가: 시험이 어려웠어요?

나: 아니요, _____.

(4)

가: 주말에 뭐 했어요?

나: _____.

6. 다음 두 단어의 관계가 나머지 셋과 <u>다른</u> 것을 고르세요.

(1)

① 집 – 댁 　　　　　　② 생일 – 생신

③ 밥 – 음식 　　　　　④ 나이 – 연세

(2)

① 살다 – 죽다 　　　　② 쉽다 – 어렵다

③ 쉬다 – 일하다 　　　④ 목욕하다 – 샤워하다

7. (　　　) 안에 알맞은 단어를 보기 에서 고르세요.

보기　　　　　　생일　　　생활　　　생각　　　소개

(1) 저는 주변에 친구들이 많아서 (　　　　　)이/가 힘들지 않아요.

(2) 오늘이 친구 (　　　　　)(이)라서 친구들과 파티를 하기로 했어요.

(3) 사진을 보니까 고향에 계신 부모님 (　　　　　)이/가 나요.

8. (　　　) 안에 공통적으로 들어갈 단어를 고르세요.

(1)

우리 할아버지께서는 백 살까지 (　　　　　).

저는 지금 아파트에 (　　　　) 아주 편해요.

① 놀다　　　　② 살다　　　　③ 사다　　　　④ 보다

(2)

이 책의 내용은 (　　　　　) 아이들도 좋아할 것 같아요.

휴대폰에 사전이 있어서 모르는 단어를 찾기가 (　　　　　).

① 맵다　　　　② 시다　　　　③ 멀다　　　　④ 쉽다

9. ( ) 안에 알맞은 단어를 고르세요.

(1)

> 잊어버리지 않으려면 ( )에 메모해 놓아야 돼요.

① 수첩   ② 수업   ③ 생각   ④ 선물

(2)

> 요즘 감기가 유행이라서 가게에 ( )이/가 많지 않아요.

① 쇼핑   ② 숙제   ③ 생일   ④ 손님

(3)

> 찌개가 너무 싱거우면 ( )을/를 조금 넣으세요.

① 설탕   ② 소금   ③ 식초   ④ 수첩

(4)

> 오늘은 할머니의 ( )입니다. 그래서 가족들이 모두 같이 식사를 합니다.

① 설명   ② 선물   ③ 생신   ④ 쇼핑

10. 무엇에 대한 글인지 알맞은 단어를 고르세요.

(1)

> 내일은 친구 생일입니다. 그래서 백화점에 갔습니다. 그리고 친구가 좋아하는 운동화와 티셔츠를 샀습니다.

① 산   ② 술   ③ 선물   ④ 수첩

(2)

> 모르는 단어가 많을 때 필요합니다. 요즘에는 인터넷에서도 찾을 수 있고 휴대폰으로도 단어의 뜻을 볼 수 있습니다.

① 사전   ② 수업   ③ 세수   ④ 선생님

(3)

> 수업이 끝나면 매일 해야 합니다. 단어도 외워야 하고 연습문제도 풀어야 합니다. 그래서 먼저 끝내고 마음 편하게 친구와 놉니다.

① 숙제   ② 서점   ③ 수첩   ④ 산책

쓰면서 외워 봅시다. 외운 단어에는 ○ 해 보세요.

번호	한국어	의미	연습하기
1	슈퍼마켓 [명]		
2	스물 [수]		
3	스키 [명]		
4	슬프다 [형]		
5	시 [의]		
6	시간 [명], [의]		
7	시다 [형]		
8	시원하다 [형]		
9	시작 [명]		
10	시장 [명]		
11	시청 [명]		
12	시키다 [동]		
13	시험 [명]		
14	식당 [명]		
15	식사 [명]		
16	신다 [동]		
17	신문 [명]		
18	신발 [명]		
19	실례 [명]		
20	싫다 [형]		
21	싫어하다 [동]		
22	십 [수], [관]		
23	싱겁다 [형]		
24	싸다¹ [형]		
25	쓰다¹ [동]		
26	쓰다² [동]		
27	쓰다³ [형]		
28	씨 [의]		
29	씻다 [동]		
30	아기 [명]		

1. 그림에 알맞은 단어를 연결하세요.

(1)

• ① 시장

(2)

• ② 슈퍼마켓

2. 그림을 보고 □에 알맞은 글자를 쓰세요.

(1)

신 □

(2)

신 □

3. 그림을 보고 알맞은 단어에 ✓ 하세요.

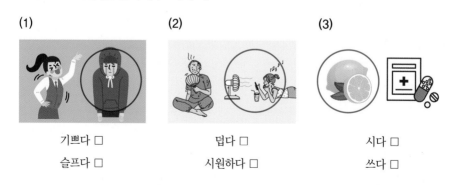

(1)

기쁘다 □
슬프다 □

(2)

덥다 □
시원하다 □

(3)

시다 □
쓰다 □

4. 그림과 관계있는 문장을 연결하세요.

(1)

　•

　• ① 손을 씻습니다.

(2)

　•

　• ② 신발을 신습니다.

(3)

　•

　• ③ 편지를 씁니다.

5. 그림을 보고 대화를 완성하세요.

(1)

가: _____, 시청에 가려면 어떻게 가야 돼요?
나: 1호선을 타면 돼요.

(2)

가: 영화 _____ 시간은 몇 시예요?
나: 오후 3시예요.

(3)

가: 약이 너무 _____ 어떻게 먹는 것이 좋아요?
나: 약을 먹은 후에 사탕을 드세요.

6. ( ) 안에 공통적으로 들어갈 단어를 고르세요.

(1)
> 저는 부모님 생신에 카드를 ( ).
> 수업 시간에 선생님께서는 컴퓨터를 ( ) 수업을 하십니다.

① 듣다 　　② 사다 　　③ 쓰다 　　④ 읽다

(2)
> 아이가 혼자 양말을 ( ) 있어요.
> 친구가 신발을 ( ) 호텔방에 들어갔어요.

① 신다 　　② 쓰다 　　③ 씻다 　　④ 시키다

7. ( ) 안에 알맞은 단어를 보기 에서 골라 문장을 완성하세요.

> 보기 　　　달다 　　시다 　　싱겁다 　　쓰다

(1) 국이 너무 ( ) 소금을 더 넣으세요.
(2) 이 요리는 맛이 약처럼 ( ) 먹기가 힘들어요.

8. 다음 밑줄 친 단어와 비슷한 의미의 단어를 고르세요.

(1)
> 마트에 갔어요.

① 시장 　　② 시청 　　③ 식당 　　④ 슈퍼마켓

(2)
> 요즘은 스마트폰을 사용하지 않는 사람이 없어요.

① 시키지 　　② 신지 　　③ 쓰지 　　④ 싫어하지

9. 다음 밑줄 친 단어와 반대되는 의미의 단어를 고르세요.

(1)

> 시험을 잘 봐서 아주 <u>기뻐요</u>.

① 싸다   ② 싫다   ③ 좋다   ④ 슬프다

(2)

> 옷이 <u>비싸서</u> 살 수 없어요.

① 길다   ② 싸다   ③ 크다   ④ 예쁘다

(3)

> <u>아기</u>가 태어난 지 1년이 됐습니다.

① 남편   ② 동생   ③ 어른   ④ 학생

10. 다음을 읽고 내용에 맞는 단어를 보기 에서 고르세요.

| 보기 | 시장 | 시청 | 스키 | 식사 | 시간 | 시험 | 신문 |

(1) 쇼핑을 하러 갑니다. 마트보다 더 쌉니다. 나이가 많은 사람이 많습니다.
　　여기는 (　　　　　)입니다.

(2) 나의 아버지는 공무원이십니다. 여기에서 일하십니다.
　　여기는 (　　　　　)입니다.

(3) 저는 학생입니다. 내일 이것이 있어서 오늘 공부를 해야 합니다.
　　이것은 (　　　　　)입니다.

(4) 저는 아침에 이것을 읽습니다. 이것을 보면 날씨를 알 수 있습니다.
　　이것은 (　　　　　)입니다.

(5) 겨울에 할 수 있는 운동입니다. 눈이 오면 이 운동을 하기 좋습니다.
　　이것은 (　　　　　)입니다.

쓰면서 외워 봅시다. 외운 단어에는 ○ 해 보세요.

번호	한국어	의미	연습하기
1	아내 명		
2	아니다 형		
3	아래 명		
4	아르바이트 명		
5	아름답다 형		
6	아버지 명		
7	아이 명		
8	아이스크림 명		
9	아저씨 명		
10	아주 부		
11	아주머니 명		
12	아직 부		
13	아침 명		
14	아파트 명		
15	아프다 형		
16	안^1 명		
17	안^2 부		
18	안경 명		
19	안내^1 명		
20	안녕히 부		
21	앉다 동		
22	알다 동		
23	알리다 동		
24	앞 명		
25	야구 명		
26	약^1 관		
27	약^2 명		
28	약국 명		
29	약속 명		
30	어느 관		

쓱쓱 어휘왕

12
일차

연습 2

1. 그림에 알맞은 단어를 연결하세요.

(1)

• • ① 아저씨

(2)

• • ② 아주머니

2. 그림을 보고 □에 알맞은 글자를 쓰세요.

(1)

약 □

(2)

약 □

3. 그림을 보고 알맞은 단어에 ✓ 하세요.

(1)

남편 □
아내 □

(2)

아침 □
저녁 □

(3)

아이 □
어른 □

4. 그림과 관계있는 문장을 연결하세요.

(1)

•   • ① 아이가 아픕니다.

(2)

•   • ② 경치가 아름답습니다.

5. 그림을 보고 대화를 완성하세요.

(1)

가: 안녕하세요. 거기 중국집이지요?
    자장면 하나, 볶음밥 하나 배달해 주세요.
나: 네, 주소를 _____.
가: 한국아파트 100동 100호예요.

(2)

가: 여러분, 수업 시작할 거예요.
    모두 자리에 _____.
나: 네, 알겠습니다. 선생님.

(3)

가: 영희 씨는 어디에 살아요?
나: _____.

(4)

가: 민수 씨는 주말에 보통 뭐해요?
나: 친구들과 _____.

6. ( ) 안에 알맞은 단어를 〈보기〉에서 고르세요.

1급 12일 차

보기	아주	아직	안	약	안녕히	어느

(1) 저는 한국 음식을 ( ) 먹어본 적이 없어요.

(2) 공연은 ( ) 10분 후에 시작합니다.

(3) 저는 아직 한국에 ( ) 가 봐서 꼭 가고 싶습니다.

(4) 감사합니다. ( ) 가십시오.

(5) 저는 한국 음식을 ( ) 좋아해요.

7. ( ) 안에 공통적으로 들어갈 단어를 고르세요.

(1)

> 저는 학생이 ( ) 회사원이에요.
> 그것은 제 것이 ( ).

① 끼다   ② 알다   ③ 아프다   ④ 아니다

(2)

> 친구가 고향 소식을 ( ) 주었어요.
> 길을 몰라서 아주머니에게 물어봤는데 친절하게 ( ) 주었어요.

① 들리다   ② 보이다   ③ 알리다   ④ 열리다

8. 다음 밑줄 친 단어와 반대되는 의미의 단어를 고르세요.

(1)

> 이 <u>아이</u>는 다섯 살이에요.

① 아버지   ② 아저씨   ③ 어른   ④ 아기

(2)

> 여러분 의자에서 <u>일어나</u> 주세요.

① 내리다   ② 앉다   ③ 알다   ④ 알리다

9. 다음 밑줄 친 단어와 비슷한 의미의 단어를 고르세요.

(1)
> 가방 <u>속</u>에 필통이 있어요.

① 뒤　　　　② 밖　　　　③ 안　　　　④ 옆

(2)
> 의자 <u>밑</u>에 가방이 있어요.

① 뒤　　　　② 앞　　　　③ 아래　　　　④ 옆

(3)
> 이 아파트는 <u>매우</u> 높군요!

① 아직　　　　② 아주　　　　③ 어서　　　　④ 이따

10. 다음을 읽고 내용에 맞는 단어를 보기 에서 고르세요.

> 보기　　　약　　안경　　안내　　아르바이트　　아이스크림

(1) 저는 감기에 걸렸습니다. 그래서 이것을 먹고 쉬었습니다.
이것은 (　　　　)입니다.

(2) 저는 눈이 나쁩니다. 그래서 이것을 꼭 써야 합니다.
이것은 (　　　　)입니다.

(3) 저는 여름에 이것을 자주 먹습니다. 이것은 달고 맛있습니다.
이것은 (　　　　)입니다.

(4) 저는 매일 저녁에 6시간 동안 이것을 합니다. 그래서 조금 피곤합니다.
이것은 (　　　　)입니다.

쓰면서 외워 봅시다. 외운 단어에는 ○ 해 보세요.

번호	한국어	의미	연습하기
1	어디 [대]		
2	어떻다 [형]		
3	어렵다 [형]		
4	어머니 [명]		
5	어서 [부]		
6	어제 [명], [부]		
7	언니 [명]		
8	언제 [대], [부]		
9	얼굴 [명]		
10	얼마 [명]		
11	얼마나 [부]		
12	없다 [형]		
13	에어컨 [명]		
14	여권 [명]		
15	여기 [대]		
16	여동생 [명]		
17	여러 [관]		
18	여러분 [대]		
19	여름 [명]		
20	여자 [명]		
21	여행 [명]		
22	여행사 [명]		
23	역 [명]		
24	연극 [명]		
25	연습 [명]		
26	연필 [명]		
27	열다 [동]		
28	열쇠 [명]		
29	열심히 [부]		
30	영어 [명]		

1. 그림에 알맞은 단어를 연결하세요.

(1)

· · ① 있다

(2)

· · ② 없다

2. 그림을 보고 □에 알맞은 글자를 쓰세요.

(1)

여 □

(2)

여 □

3. 그림을 보고 알맞은 단어에 ✓ 하세요.

(1)

몸 □
얼굴 □

(2)

겨울 □
여름 □

(3)

영어 □
일본어 □

4. 그림과 관계있는 문장을 연결하세요.

(1)

• ① 연필로 편지를 씁니다.

(2)

• ② 열쇠로 문을 엽니다.

5. 그림을 보고 문장을 완성하세요.

(1)

가수: 콘서트에 와 주신 관객 _____! 감사합니다.

(2)

주인: _____ 오세요.

(3)

학생: _____ 공부하겠습니다.

(4)

선수: 저희가 우승한 것은 평소에 _____을/를 열심히 한 덕분이에요.

(5)

직원: 날씨가 더워져서 _____을/를 사러 오는 사람이 많아요.

6. ( ) 안에 알맞은 단어를 **보기** 에서 고르세요.

> **보기**　　어디　　언제　　얼마　　얼마나　　여기　　어제

(1) 사무실은 ( )입니다.
(2) 지하철역은 ( )입니까?
(3) 여름 방학은 ( )입니까?
(4) 이 에어컨은 ( )입니까?
(5) 이 노트북은 ( ) 썼어요?

7. 다음 단어 중에서 나머지 셋과 관계가 <u>없는</u> 것을 골라 ○ 하세요.

(1)
> 아버지　　남동생　　여자　　오빠

(2)
> 거기　　어디　　여기　　언제

(3)
> 역　　여권　　연극　　여행사

8. ( ) 안에 공통적으로 들어갈 단어를 고르세요.

(1)
> 우리 학교에는 ( ) 나라 사람이 있어요.
> 과일 가게에는 ( ) 가지 과일이 있어요.

① 어느　　　　② 어디　　　　③ 여기　　　　④ 여러

(2)
> 오늘 기분이 ( )?
> ( ) 영화를 좋아해요?

① 싫다　　　　② 좋다　　　　③ 어떻다　　　　④ 어렵다

9. 다음 밑줄 친 단어와 반대되는 의미의 단어를 고르세요.

(1)
시험 문제가 <u>어려워요</u>?

① 길다　　　② 많다　　　③ 쉽다　　　④ 복잡하다

(2)
추우니까 창문을 <u>닫아</u> 주세요.

① 끄다　　　② 닦다　　　③ 열다　　　④ 내리다

(3)
저는 <u>여동생</u>과 오빠가 있어요.

① 딸　　　② 어머니　　　③ 언니　　　④ 남동생

10. 다음을 읽고 내용에 맞는 단어를 보기 에서 골라 문장을 완성하세요.

보기　　　없다　　있다　　어떻다　　어렵다

(1) 저희 가족은 5명이에요. 부모님과 언니, 오빠가 (　　　　).
(2) 이번 주말에 더우니까 바다에 가는 것이 (　　　　)?
(3) 어제 시험이 (　　　　) 잘 못 봤어요.
(4) 저는 아직 한국 친구가 (　　　　) 한국에서 생활하기가 외로워요.

결과　　○ **24개 이상** ▲　　○ **23개 이하** ▼

이렇게 하세요.　　연습 2로 용이!　　다시 한번 암기~!

쓰면서 외워 봅시다. 외운 단어에는 ○ 해 보세요.

번호	한국어	의미	연습하기
1	영화 명		
2	영화관 명		
3	영화배우 명		
4	옆 명		
5	예쁘다 형		
6	오늘 명, 부		
7	오다 동		
8	오른쪽 명		
9	오빠 명		
10	오전 명		
11	오후 명		
12	올라가다 동		
13	올해 명		
14	옷 명		
15	왜 부		
16	외국 명		
17	외국어 명		
18	외국인 명		
19	왼쪽 명		
20	요리 명		
21	요일 명		
22	요즘 명		
23	우리 대		
24	우산 명		
25	우유 명		
26	우체국 명		
27	우표 명		
28	운동 명		
29	운동장 명		
30	운동화 명		

14 일차

연습 2

1. 그림에 알맞은 단어를 연결하세요.

(1)

• ① 오늘

(2)

• ② 올해

2. 그림을 보고 □에 알맞은 글자를 쓰세요.

(1)

우 □

(2)

우 □

(3)

우 □

3. 그림을 보고 알맞은 단어에 ✓ 하세요.

(1)

왼쪽 □

오른쪽 □

(2)

오전 □

오후 □

4. 그림과 관계있는 문장을 연결하세요.

(1)

• ① 편지를 보내러 갑니다.

(2)

• ② 운동을 하러 갑니다.

(3)

• ③ 영화를 보러 갑니다.

5. 그림을 보고 대화를 완성하세요.

(1)

가: 생일에 무슨 선물을 받았어요?

나: _____.

(2)

가: 산에 _____ 데 얼마나 걸려요?

나: 약 두 시간 정도 걸려요.

(3)

가: 이따 비가 올까요?

나: 아마 올 것 같아요. _____을/를 가져가세요.

6. ( ) 안에 알맞은 단어를 보기 에서 고르세요.

> 보기   외국   외국어   외국인

(1) 저는 요즘 ( )을/를 배우고 있어요.

(2) 선생님은 ( )이/가 아니에요. 한국 사람이에요.

(3) 저는 공부를 열심히 한 후에 ( )(으)로 여행을 가고 싶어요.

7. ( ) 안에 알맞은 단어를 보기 에서 고르세요.

> 보기   영화   영화관   영화배우

(1) 저는 오늘 ( )에 갔어요.

(2) 제가 좋아하는 ( )이/가 두 명이나 나와요.

(3) ( )이/가 너무 재미있었어요.

8. ( ) 안에 알맞은 단어를 보기 에서 고르세요.

> 보기   운동   운동장   운동화

(1) 제 취미는 ( )예요/이에요. 달리기를 좋아해요.

(2) 그래서 매일 아침 달리기를 하러 ( )에 가요.

(3) 달리기를 할 때는 ( )을/를 신는 것이 좋아요.

9. 다음 단어 중에서 나머지 셋과 관계가 <u>없는</u> 것을 골라 ○ 하세요.

(1)

| 내일 | 어제 | 오늘 | 오빠 |

(2)

| 영화 | 영화관 | 우체국 | 운동장 |

(3)

| 가수 | 선생님 | 외국인 | 영화배우 |

(4)

| 앞 | 옆 | 위 | 왜 |

(5)

| 요리 | 빨래 | 요일 | 청소 |

10. 다음 단어 중에서 보기 의 단어와 관계가 <u>없는</u> 것을 고르세요.

(1)

보기 예쁘다

① 옷　　　② 우산　　　③ 우유　　　④ 운동화

(2)

보기 언제

① 오전　　　② 요즘　　　③ 우리　　　④ 올해

(3)

보기 오다

① 집　　　② 학교　　　③ 회사　　　④ 영화

(4)

보기 우체국

① 편지　　　② 우표　　　③ 요리　　　④ 소포

쓰면서 외워 봅시다. 외운 단어에는 ◯ 해 보세요.

번호	한국어	의미	연습하기
1	운전 명		
2	울다 동		
3	웃다 동		
4	원 의		
5	월 의		
6	위 명		
7	유명하다 형		
8	은행 명		
9	음료수 명		
10	음식 명		
11	음악 명		
12	의사 명		
13	의자 명		
14	이¹ 관, 대		
15	이것 대		
16	이따가 부		
17	이름 명		
18	이번 명		
19	이야기 명		
20	이유 명		
21	이쪽 대		
22	인분 의		
23	인사 명		
24	인터넷 명		
25	일¹ 명		
26	일² 의		
27	일어나다 동		
28	일주일 명		
29	일찍 부		
30	읽다 동		

15 일차

연습 2

1. 그림에 알맞은 단어를 연결하세요.

(1)

·   · ① 원

(2)

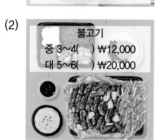

·   · ② 인분

2. 그림을 보고 □에 알맞은 글자를 쓰세요.

(1)

의 □

(2)

의 □

3. 그림을 보고 알맞은 단어에 ✓ 하세요.

(1)

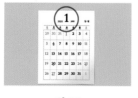

일 □
월 □

(2)

울다 □
웃다 □

(3)

음식 □
음료수 □

4. 그림과 관계있는 문장을 연결하세요.

(1)

· · ① 학생이 선생님에게 인사를 합니다.

(2)

· · ② 학생이 자리에서 일어납니다.

(3)

· · ③ 학생과 선생님이 이야기를 합니다.

5. 그림을 보고 대화를 완성하세요.

(1)

가: 아침 6시에 무엇을 해요?

나: _____.

(2)

가: 오후 3시에 무엇을 해요?

나: _____.

(3)

가: 저녁 7시에 무엇을 해요?

나: _____.

6. ( ) 안에 공통적으로 들어갈 단어를 고르세요.

(1)

> 요즘 ( ) 때문에 아주 바빠요.
> 10월 24( )부터 일주일 동안 휴가입니다.

① 위 　　　　② 월 　　　　③ 이 　　　　④ 일

(2)

> 오늘은 시험 때문에 일찍 ( ).
> 의자에서 ( ) 인사했어요.

① 가다 　　　　② 오다 　　　　③ 유명하다 　　　　④ 일어나다

7. ( ) 안에 알맞은 단어를 보기 에서 고르세요.

> 보기 　　　　　이 　　　이것 　　　이번 　　　이쪽

(1) ( ) 사람은 저의 아내입니다.
(2) ( )은/는 친구의 노트북입니다.
(3) 어서 오세요. ( )(으)로 앉으세요.
(4) ( ) 여행은 어디로 갈 겁니까?

8. 다음 밑줄 친 단어와 반대되는 의미의 단어를 고르세요.

(1)

> 책상 <u>아래</u> 무엇이 있어요?

① 밑 　　　　② 안 　　　　③ 위 　　　　④ 뒤

(2)

> 오늘 <u>일찍</u> 일어나서 학교에 <u>일찍</u> 갔어요.

① 빨리 　　　　② 늦게 　　　　③ 이따가 　　　　④ 천천히

9. 다음 단어 중에서 나머지 셋과 관계가 <u>없는</u> 것을 골라 ○ 하세요.

(1)

원   월   일   일주일

(2)
의사   음악   은행원   운전사

10. 다음 단어 중에서 보기 의 단어와 관계가 <u>없는</u> 것을 고르세요.

(1)

보기   취미

① 책을 읽어요.   ② 인사를 해요.   ③ 음악을 들어요.   ④ 음식을 해요.

(2)
보기   식당

① 음식   ② 인분   ③ 음료수   ④ 인터넷

(3)
보기   연락처

① 이름   ② 메일   ③ 이유   ④ 전화번호

쓰면서 외워 봅시다. 외운 단어에는 ◯ 해 보세요.

번호	한국어	의미	연습하기
1	입 명		
2	입다 동		
3	있다 형		
4	자다 동		
5	자동차 명		
6	자전거 명		
7	자주 부		
8	작년 명		
9	작다 형		
10	잔 명		
11	잘 부		
12	잘못 부, 명		
13	잘하다 동		
14	잠 명		
15	잠깐 부, 명		
16	잠시 부, 명		
17	잡수시다 동		
18	장소 명		
19	재미없다 형		
20	재미있다 형		
21	저¹ 대		
22	저² 관		
23	저것 대		
24	저기 대		
25	저녁 명		
26	저쪽 대		
27	적다¹ 형		
28	전공 명		
29	전화 명		
30	전화번호 명		

16 일차 연습 2

1. 그림에 알맞은 단어를 연결하세요.

(1)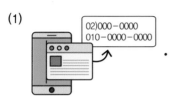

· · ① 전화

(2)

· · ② 전화번호

2. 그림을 보고 □에 알맞은 글자를 쓰세요.

(1)

자 □ □

(2)

자 □ □

3. 그림을 보고 알맞은 단어에 ✓ 하세요.

(1)

있다 □
없다 □

(2)

작다 □
크다 □

(3)

입다 □
벗다 □

4. 그림과 관계있는 문장을 연결하세요.

(1)

    •

• ① 공부를 잘해요.

(2)

    •

• ② 공부를 잘 못해요.

(3)

    •

• ③ 공부를 정말 못해요.

5. 그림을 보고 대화를 완성하세요.

(1)

가: 실례합니다. 사장님 좀 만나러 왔는데요.
나: _____ 기다리세요.

(2)

가: 영화가 재미없었지요?
나: 아니요, _____.

(3)

가: _____ 옷 예쁘지 않아요?
나: 들어가서 한번 입어 보세요.

6. ( ) 안에 공통적으로 들어갈 단어를 고르세요.

(1)

> 형은 키가 ( ) 저는 작아요.
> 저는 나중에 ( ) 집에서 살고 싶어요.

① 있다   ② 없다   ③ 크다   ④ 적다

(2)

> 아이는 방에서 ( ) 자고 있어요.
> 제 특기는 운동이에요. 운동을 ( ) 해요.

① 잘   ② 자주   ③ 잠깐   ④ 잘못

7. ( ) 안에 알맞은 단어를 보기 에서 고르세요.

> 보기   저   저것   저기   저쪽

(1) ( ) 사람은 어느 나라 사람이에요?

(2) ( )은/는 무엇입니까?

8. 다음 밑줄 친 단어와 비슷한 의미의 단어를 고르세요.

(1)

> 할아버지께서 저녁을 잡수시고 계세요.

① 만드시다   ② 드시다   ③ 주무시다   ④ 하시다

(2)

> 지금은 회의 중이니 잠시 기다려 주세요.

① 자주   ② 잘   ③ 주로   ④ 잠깐

9. 다음 밑줄 친 단어와 반대되는 의미의 단어를 고르세요.

(1)

> 너무 추워서 따뜻한 옷을 입었어요.

① 신다　　　　② 쓰다　　　　③ 벗다　　　　④ 사다

(2)

> 주말이라서 공원에 사람이 너무 <u>많았어요</u>.

① 재미있다　　② 재미없다　　③ 적다　　　　④ 작다

10. 다음 단어 중에서 **보기** 의 단어와 관계가 <u>없는</u> 것을 고르세요.

(1)

> **보기**　　　　　　　　　　　　장소

① 학교　　　　② 도서관　　　③ 자동차　　　④ 커피숍

(2)

> **보기**　　　　　　　　　　　　전공

① 의사　　　　② 음악　　　　③ 교육　　　　④ 역사

(3)

> **보기**　　　　　　　　　　　　잔

① 차　　　　　② 요리　　　　③ 술　　　　　④ 음료수

(4)

> **보기**　　　　　　　　　　　　얼굴

① 눈　　　　　② 코　　　　　③ 입　　　　　④ 잠

(5)

> **보기**　　　　　　　　　　　　하루

① 아침　　　　② 점심　　　　③ 작년　　　　④ 저녁

쓰면서 외워 봅시다. 외운 단어에는 ◯ 해 보세요.

번호	한국어	의미	연습하기
1	점심 [명]		
2	정류장 [명]		
3	정말 [부], [명]		
4	제 [대]		
5	제일 [부], [명]		
6	조금 [부], [명]		
7	조용하다 [형]		
8	졸업 [명]		
9	좀 [부]		
10	종업원 [명]		
11	좋다 [형]		
12	좋아하다 [동]		
13	죄송하다 [형]		
14	주 [의], [명]		
15	주다 [동]		
16	주로 [부]		
17	주말 [명]		
18	주무시다 [동]		
19	주부 [명]		
20	주소 [명]		
21	주인 [명]		
22	주일 [의], [명]		
23	준비 [명]		
24	중 [의]		
25	지갑 [명]		
26	지금 [부], [명]		
27	지나다 [동]		
28	지난달 [명]		
29	지난주 [명]		
30	지난해 [명]		

17 일차 🔍 연습 2

1. 그림에 알맞은 단어를 연결하세요.

(1)

• ① 지난주

(2)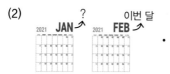

• ② 지난달

(3)

• ③ 지난해

2. 그림을 보고 □에 알맞은 글자를 쓰세요.

(1)

주 □

(2)

주 □

3. 그림을 보고 알맞은 단어에 ✓ 하세요.

(1)

싫다 □
좋다 □

(2)

조용하다 □
시끄럽다 □

(3)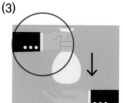

주다 □
받다 □

4. 그림과 관계있는 문장을 연결하세요.

(1)

   •

   • ① 친구가 지갑을 줬습니다.

(2)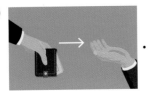

   •

   • ② 친구는 쇼핑을 좋아합니다.

5. 그림을 보고 대화를 완성하세요.

(1)

가: 먼저 퇴근하겠습니다.

   그럼 _____ 즐겁게 보내세요.

나: 네, 다음 주에 봐요.

(2)

가: 수업 _____에는 전화기를 꺼 주세요.

나: 네, 알겠습니다.

(3)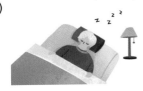

가: 할머니께서는 지금 뭐하세요?

나: 방에서 _____.

(4)

가: 도서관이 시끄러워요?

나: 아니요, _____.

6. ( ) 안에 공통적으로 들어갈 단어를 고르세요.

(1)

> 시간이 참 빠르네요. 대학생이 된 지 벌써 2년이 ( ).
> ( ) 일이 계속 생각이 나서 힘들어요.

① 넘다   ② 되다   ③ 지나다   ④ 좋아하다

(2)

> 내일 ( )에 시간이 있어요?
> 아침을 많이 먹어서 ( )은 안 먹어도 되겠어요.

① 오전   ② 점심   ③ 밤   ④ 새벽

7. 서로 관계있는 단어를 연결하세요.

(1) 식사, 회의, 수업   ·   · ① 지나다

(2) 지갑, 선물, 편지   ·   · ② 중

(3) 지난주, 지난 주말   ·   · ③ 주다

8. ( ) 안에 알맞은 단어를 보기 에서 골라 문장을 완성하세요.

> 보기   주로   정말   제일   조금   지금

> 저는 운동하는 것을 좋아해요. 그래서 주말에 ( ) 운동을 해요. 농구, 축구, 야
> 구를 좋아하는데 그중에서 농구를 ( ) 좋아하고 그 다음으로 야구를 좋아해요.
> 어렸을 때는 농구를 ( ) 배웠어요. 그래서 어렸을 때도 잘했고 ( )도
> 농구를 잘해요. 농구할 때 기분이 ( ) 좋아요.

9. 다음 두 단어의 관계가 나머지 셋과 <u>다른</u> 것을 고르세요.

(1)
① 내 – 제   ② 제일 – 가장
③ 사장 – 종업원   ④ 죄송하다 – 미안하다

(2)
① 좋아하다 – 싫어하다   ② 주다 – 받다
③ 입학 – 졸업   ④ 좀 – 조금

(3)
① 주인 – 손님   ② 좀 – 약간
③ 준비 – 완료   ④ 주무시다 – 일어나시다

10. 다음 단어를 보고 연상되는 단어를 **보기** 에서 고르세요.

보기   달력   식당   정류장

(1)
시내버스   공항버스   택시

⇒ (   )

(2)
주인   점심   종업원

⇒ (   )

(3)
주   주일   주말

⇒ (   )

쓰면서 외워 봅시다. 외운 단어에는 ◯ 해 보세요.

번호	한국어	의미	연습하기
1	지내다 [동]		
2	지우개 [명]		
3	지하철 [명]		
4	지하철역 [명]		
5	직업 [명]		
6	직원 [명]		
7	질문 [명]		
8	집 [명]		
9	짜다 [형]		
10	찍다 [동]		
11	참 [부]		
12	창문 [명]		
13	찾다 [동]		
14	책 [명]		
15	책상 [명]		
16	처음 [명]		
17	천 [관], [수]		
18	천천히 [부]		
19	청소 [명]		
20	초대 [명]		
21	추다 [동]		
22	축구 [명]		
23	축하 [명]		
24	출발 [명]		
25	춤 [명]		
26	춥다 [형]		
27	취미 [명]		
28	층 [명]		
29	치다 [동]		
30	치마 [명]		

연습 2

1. 그림에 알맞은 단어를 연결하세요.

(1) •　　　　　　• ① 책

(2) •　　　　　　• ② 책상

(3) •　　　　　　• ③ 컴퓨터

(4) •　　　　　　• ④ 지우개

2. 그림을 보고 □에 알맞은 글자를 쓰세요.

(1)

축 □

(2)

축 □

3. 그림을 보고 알맞은 단어에 ✓ 하세요.

(1)

지하철 □

기차 □

(2)

덥다 □

춥다 □

(3)

바지 □

치마 □

4. 그림과 관계있는 문장을 연결하세요.

(1)

· · ① 춤을 춥니다.

(2)

· · ② 사진을 찍습니다.

5. 그림을 보고 대화를 완성하세요.

(1)

가: 안녕하세요. _____ 뵙겠습니다.
나: 만나서 반갑습니다.

(2)

7F
사무실

가: 실례지만 사무실은 몇 _____이에요?
나: 7_____에 사무실이 있어요.

(3)

가: 발표를 마치겠습니다.
_____이/가 있으시면 말씀해 주세요.
나: 발표 잘 들었습니다. 궁금한 것이 있는데요.

(4)

가: 오랜만이에요.
나: 네, 그동안 잘 _____?

6. ( ) 안에 공통적으로 들어갈 단어를 고르세요.

(1)

저는 어렸을 때부터 테니스를 ( ).
가수의 노래가 끝나자 사람들이 박수를 ( ).

① 하다　　　　② 받다　　　　③ 치다　　　　④ 보내다

(2)

저는 사진 ( ) 것을 배우고 있어요.
이름 옆에 도장을 ( ) 주세요.

① 쓰다　　　　② 찍다　　　　③ 찾다　　　　④ 만들다

7. 다음 단어 중 보기 의 단어와 같이 쓸 수 <u>없는</u> 것을 고르세요.

(1)

| 보기 | 하다 |

① 초대　　　　② 축하　　　　③ 출발　　　　④ 춤

(2)

| 보기 | 받다 |

① 초대　　　　② 축하　　　　③ 질문　　　　④ 청소

(3)

| 보기 | 찾다 |

① 축구　　　　② 직업　　　　③ 지하철역　　　　④ 집

1급
18일 차

8. 다음 단어 중 보기의 단어와 관계가 <u>없는</u> 것을 고르세요.

(1)

| 보기 | 취미 |

① 사진　　　　② 춤　　　　③ 축구　　　　④ 질문

(2)

| 보기 | 축하 |

① 생일　　　　② 청소　　　　③ 졸업　　　　④ 결혼식

9. 다음 두 단어의 관계가 나머지 셋과 <u>다른</u> 것을 고르세요.

(1)

① 질문 – 답변　　　　② 참 – 정말
③ 천천히 – 빨리　　　　④ 출발 – 도착

(2)

① 백 – 천　　　　② 직원 – 사장
③ 짜다 – 싱겁다　　　　④ 처음 – 끝

10. 다음을 읽고 내용에 맞는 단어를 보기에서 고르세요.

| 보기 | 지우개　　창문　　책　　책상 |

(1) 제 취미는 독서입니다. 저는 항상 이것을 가지고 다닙니다.
　　이것은 (　　　　　)입니다.

(2) 글자를 잘못 써서 이것으로 지웠습니다.
　　이것은 (　　　　　)입니다.

(3) 너무 더워서 이것을 열고 잤습니다. 그래서 감기에 걸렸습니다.
　　이것은 (　　　　　)입니다.

쓰면서 외워 봅시다. 외운 단어에는 ○ 해 보세요.

번호	한국어	의미	연습하기
1	친구 명		
2	친절하다 형		
3	친하다 형		
4	칠판 명		
5	침대 명		
6	카드 명		
7	카메라 명		
8	커피 명		
9	컴퓨터 명		
10	켜다¹ 동		
11	코 명		
12	콘서트 명		
13	크다 형		
14	키 명		
15	타다 동		
16	탁구 명		
17	태권도 명		
18	택시 명		
19	터미널 명		
20	테니스 명		
21	텔레비전 명		
22	퇴근 명		
23	특별하다¹ 형		
24	특히 부		
25	티셔츠 명		
26	파티 명		
27	팔 명		
28	팔다 동		
29	편의점 명		
30	편지 명		

19 일차 연습 2

1. 그림에 알맞은 단어를 연결하세요.

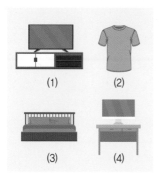

(1) •　　　　　　　• ① 티셔츠

(2) •　　　　　　　• ② 컴퓨터

(3) •　　　　　　　• ③ 텔레비전

(4) •　　　　　　　• ④ 침대

2. 그림을 보고 □에 알맞은 글자를 쓰세요.

(1)

카 □

(2)

카 □ □

3. 그림을 보고 알맞은 단어에 ✓ 하세요.

(1)

코 □
귀 □

(2)

팔 □
다리 □

4. 그림과 관계있는 문장을 연결하세요.

(1)

• ① 저는 친구와 친해요.

(2)

• ② 제 친구는 친절한 사람이에요.

5. 그림을 보고 대화를 완성하세요.

(1)

가: 음료수를 사고 싶은데요.

_____은/는 어디에 있어요?

나: 집 앞에 있어요.

(2)

가: 친구와 어디에서 만나기로 했어요?

나: _____에서 만나기로 했어요.

버스를 타고 부산에 갈 거예요.

(3)

가: 기분이 좋아 보여요. 좋은 일 있어요?

나: 네, 오늘 친구와 함께 _____을/를 보러 가요.

제가 좋아하는 아이돌이 공연을 하거든요.

6. 다음 영어에 맞는 한국어 단어를 쓰세요.

(1) card _____ (2) coffee _____

(3) computer _____ (4) concert _____

(5) taxi _____ (6) terminal _____

(7) tennis _____ (8) television _____

(9) t-shirt _____ (10) party _____

7. 다음 단어 중 보기 의 단어와 같이 쓸 수 <u>없는</u> 것을 고르세요.

(1)
보기   켜다

① 컴퓨터   ② 텔레비전   ③ 카드   ④ 카메라

(2)
보기   팔다

① 티셔츠   ② 침대   ③ 커피   ④ 콘서트

(3)
보기   가다

① 콘서트   ② 터미널   ③ 편의점   ④ 퇴근

(4)
보기   하다

① 칠판   ② 태권도   ③ 파티   ④ 퇴근

(5)
보기   배우다

① 키   ② 탁구   ③ 태권도   ④ 컴퓨터

8. ( ) 안에 알맞은 단어를 보기 에서 골라 문장을 완성하세요.

> 보기 　　　特히　　　특별하다　　　친하다　　　친절하다

(1) 나는 요리를 잘하는데 ( ) 한국 음식을 잘 만들어요.

(2) 나는 그 사람에게 ( ) 마음을 가지고 있어요.

(3) 민수는 저와 가장 ( ) 친구입니다.

(4) 학교 선생님은 정말 ( ). 모르는 것이 있으면 잘 가르쳐 주세요.

9. 다음 두 단어의 관계가 나머지 셋과 <u>다른</u> 것을 고르세요.

> ① 출근 – 퇴근 　　　　　② 켜다 – 끄다
> ③ 크다 – 작다 　　　　　④ 친하다 – 친절하다

10. 다음 단어 중 보기 의 단어와 같이 쓸 수 <u>없는</u> 것을 고르세요.

(1)

> 보기 　　　　　　　　　텔레비전

① 켜다　　　　② 보다　　　　③ 끄다　　　　④ 타다

(2)

> 보기 　　　　　　　　　티셔츠

① 사다　　　　② 켜다　　　　③ 팔다　　　　④ 입다

(3)

> 보기 　　　　　　　　　커피

① 사다　　　　② 마시다　　　　③ 팔다　　　　④ 치다

20 일차 연습 ①

결과　○ 24개 이상 ▲　○ 23개 이하 ▼

이렇게 하세요.　연습 2로 용!　다시 한번 암기~!

쓰면서 외워 봅시다. 외운 단어에는 ◯ 해 보세요.

번호	한국어	의미	연습하기
1	표 명		
2	프로그램 명		
3	피곤하다 형		
4	피아노 명		
5	피우다 동		
6	필요하다 형		
7	필통 명		
8	하다 동		
9	하루 명		
10	하숙집 명		
11	하지만 부		
12	학교 명		
13	학생 명		
14	학생증 명		
15	한가하다 형		
16	한복 명		
17	할머니 명		
18	할아버지 명		
19	함께 부		
20	형 명		
21	호텔 명		
22	혼자 명, 부		
23	화장실 명		
24	회사 명		
25	회사원 명		
26	회의 명		
27	후 명		
28	휴가 명		
29	흐리다 형		
30	힘들다 형		

연습 2

1. 그림에 알맞은 단어를 연결하세요.

(1)

• ① 회사

(2)

• ② 회사원

2. 그림을 보고 □에 알맞은 글자를 쓰세요.

(1) 학 □

(2) 학 □

3. 그림을 보고 알맞은 단어에 ✓ 하세요.

(1)

할머니 □
할아버지 □

(2)

혼자 □
함께 □

(3)

맑다 □
흐리다 □

4. 그림과 관계있는 문장을 연결하세요.

(1)

・

・① 호텔에 쉬러 갑니다.

(2)

・

・② 회사에 일하러 갑니다.

(3)

・

・③ 학교에 공부하러 갑니다.

5. 그림을 보고 대화를 완성하세요.

(1)

가: _____을/를 입은 사람들이 많네요.
나: 네, 저렇게 입으면 입장료를 내지 않아도 돼요.

(2)

가: 이번 _____에 무엇을 할 거예요?
나: 바다에 가려고 해요.

(3)

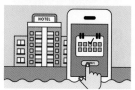

가: 바다에 가면 어디에서 묵을 거예요?
나: _____을/를 예약했어요.

6. 다음 두 단어의 관계가 나머지 셋과 <u>다른</u> 것을 고르세요.

① 함께 – 같이　　　　　　② 편하다 – 힘들다

③ 한가하다 – 분주하다　　④ 필요하다 – 불필요하다

7. 다음을 읽고 내용에 맞는 단어를 보기 에서 고르세요.

보기　　　필통　　회의　　학생증　　표　　화장실

(1) 지하철이나 기차를 탈 때 이것이 필요합니다.

이것은 (　　　　)입니다.

(2) 이것 안에 연필과 지우개와 펜이 있습니다.

이것은 (　　　　)입니다.

(3) 저는 학생입니다. 이것이 있어야 도서관에 들어갈 수 있습니다.

이것은 (　　　　)입니다.

8. 다음 단어 중 보기 의 단어와 같이 쓸 수 <u>없는</u> 것을 고르세요.

(1)

보기　　　　　　　　　피아노

① 치다　　　② 배우다　　　③ 연주하다　　　④ 켜다

(2)

보기　　　　　　　　　표

① 끄다　　　② 받다　　　③ 주다　　　④ 사다

(3)

보기　　　　　　　　　필통

① 사다　　　② 추다　　　③ 팔다　　　④ 쓰다

9. ( ) 안에 공통적으로 들어갈 단어를 고르세요.

(1)

> ( ) 내내 연락이 없어서 걱정했어요.
> 너무 피곤해서 ( ) 종일 집에서 쉬었어요.

① 혼자   ② 후   ③ 함께   ④ 하루

(2)

> 요즘 일이 많이 없어서 ( ).
> 평일 아침 영화관은 사람이 없어서 ( ).

① 힘들다   ② 피우다   ③ 한가하다   ④ 피곤하다

10. 다음 단어를 보고 연상되는 단어를 보기 에서 고르세요.

> 보기   휴가   학생   날씨   가족   프로그램

(1)

> 할아버지   할머니   형

⇒ ( )

(2)

> 흐리다   맑다   덥다

⇒ ( )

(3)

> 하숙집   학교   학생증

⇒ ( )

(4)

> 여름   호텔   한가하다

⇒ ( )

쓰면서 외워 봅시다. 외운 단어에는 ○ 해 보세요.

번호	한국어	의미	연습하기
1	가끔 부		
2	가늘다 형		
3	가득 부		
4	가리키다 동		
5	가슴 명		
6	가위 명		
7	가져가다 동		
8	각각 부, 명		
9	간단하다 형		
10	간식 명		
11	간호사 명		
12	갈아입다 동		
13	감기약 명		
14	감다¹ 동		
15	감다² 동		
16	감자 명		
17	갑자기 부		
18	강 명		
19	강하다 형		
20	갖다 동		
21	갚다 동		
22	개월 의		
23	거리¹ 명		
24	거리² 명		
25	거울 명		
26	거의 부		
27	거절 명		
28	거짓말 명		
29	걱정 명		
30	건너가다 동		

1. 그림에 알맞은 단어를 연결하세요.

(1)

• ① 간식

(2)

• ② 가위

2. 그림을 보고 □에 알맞은 글자를 쓰세요.

(1)

거 □

(2)

거 □

3. 그림을 보고 알맞은 단어에 ✓ 하세요.

(1)

머리 □
가슴 □

(2)

뜨다 □
감다 □

4. 그림과 관계있는 문장을 연결하세요.

(1) 　　·

　　　　　　　·　① 간호사가 환자를 돌봐요.

(2) 　　·

　　　　　　　·　② 미용사가 가위로 머리를 잘라요.

(3) 　　·

　　　　　　　·　③ 여자가 감기약을 사요.

5. 그림을 보고 대화를 완성하세요.

(1)

가: 철수 씨, 지금 뭐 해요?

나: _____.

(2)

가: 계산하기가 복잡해요?

나: 아니요, _____.

(3)

가: 지금 어디에 있어요?

나: 택시를 타고 한강을 _____.

6. 다음 밑줄 친 단어와 반대되는 의미의 단어를 고르세요.

(1)

> 등록금을 내려고 은행에서 돈을 <u>빌렸어요</u>.

① 넣다   ② 갚다   ③ 갖다   ④ 찾다

(2)

> 허리가 너무 <u>굵어서</u> 원피스가 어울리지 않아요.

① 강하다   ② 갈아입다   ③ 가늘다   ④ 가볍다

7. ( ) 안에 알맞은 단어를 보기 에서 고르세요.

> 보기   강   개월   거의   가끔   갑자기

(1) 저녁 준비가 ( ) 다 되었으니 조금만 기다리세요.

(2) 오전에는 날씨가 맑았는데 ( ) 비가 내려서 옷이 다 젖었어요.

8. ( ) 안에 공통적으로 들어갈 단어를 고르세요.

(1)

> 저는 보통 샤워를 하면서 머리를 ( ).
> 모두 눈을 ( ) 음악 감상을 해 보세요.

① 씻다   ② 감다   ③ 하다   ④ 뜨다

(2)

> 학교에서 집까지 ( )이/가 먼 편이에요.
> 주말이라서 명동의 ( )이/가 복잡해요.

① 시간   ② 길이   ③ 거리   ④ 도로

9. 다음 밑줄 친 단어와 비슷한 의미의 단어를 고르세요.

(1)

> 오늘 바람이 너무 강하게 불어서 추워요.

① 춥다　　　　② 세다　　　　③ 길다　　　　④ 깊다

(2)

> 내일 학교에 올 때 꼭 카메라를 갖고 와야 돼요.

① 가지다　　　② 건너다　　　③ 데리다　　　④ 모시다

10. ( ) 안에 알맞은 단어를 고르세요.

(1)

> 가방에 옷하고 필요한 물건들을 ( ) 넣었어요.

① 제일　　　　② 가득　　　　③ 자주　　　　④ 가끔

(2)

> 저는 주말에 시간이 나면 ( ) 등산을 가요.

① 가끔　　　　② 가득　　　　③ 각각　　　　④ 이따

(3)

> 쓰레기를 버릴 때에는 종이와 병, 플라스틱을 ( ) 따로 버려야 돼요.

① 조금　　　　② 가득　　　　③ 각각　　　　④ 갑자기

(4)

> 생활비가 너무 많이 들어서 ( )이/가 많아요.

① 거절　　　　② 걱정　　　　③ 감자　　　　④ 거짓말

(5)

> 친한 친구가 부탁을 해서 ( )을 할 수가 없었어요.

① 거절　　　　② 걱정　　　　③ 거울　　　　④ 간식

쓰면서 외워 봅시다. 외운 단어에는 ○ 해 보세요.

번호	한국어	의미	연습하기
1	건너다 동		
2	걸어가다 동		
3	걸음 명		
4	검사 명		
5	겉 명		
6	게으르다 형		
7	결과 명		
8	결석 명		
9	결심 명		
10	결정 명		
11	결혼 명		
12	결혼식 명		
13	경기 명		
14	경찰 명		
15	경찰서 명		
16	경치 명		
17	경험 명		
18	계단 명		
19	계산 명		
20	고개 명		
21	고등학교 명		
22	고등학생 명		
23	고민 명		
24	고속버스 명		
25	고장 명		
26	고치다 동		
27	곧 부		
28	공 명		
29	공무원 명		
30	공장 명		

연습 ②

1. 그림에 알맞은 단어를 연결하세요.

(1)

·   · ① 경찰서

(2)

·   · ② 고등학교

2. 그림을 보고 □에 알맞은 글자를 쓰세요.

(1)
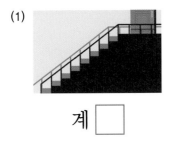

계 □

(2)

계 □

3. 그림을 보고 알맞은 단어에 ✓ 하세요.

(1)

속 □
겉 □

(2)

게으르다 □
부지런하다 □

4. 그림과 관계있는 문장을 연결하세요.

(1)

    •   • ① 고등학생이 되었어요.

(2)

    •   • ② 공장에서 물건을 만들어요.

5. 그림을 보고 대화를 완성하세요.

(1)

가: 서울에서 부산까지 무엇을 타고 가요?

나: _____.

(2)

가: 꽃다발을 받았군요. 오늘이 무슨 날이에요?

나: 네, _____ 지 3년이 되는 날이에요.

(3)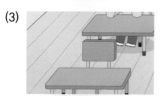

가: 오늘 민수 씨가 학교에 출석했어요?

나: 아니요, _____.

(4)

가: 영희 씨, 왜 연락이 안 됐어요?

나: _____.

6. 다음 밑줄 친 단어와 반대되는 의미의 단어를 고르세요.

(1)
> 선생님한테 연락도 하지 않고 결석을 하면 안 돼요.

① 출근　　　　② 출석　　　　③ 지각　　　　④ 결과

(2)
> 친구는 이혼을 하고 나서 혼자 살고 있어요.

① 공　　　　② 결과　　　　③ 결혼　　　　④ 계산

7. 무엇에 대한 글인지 맞는 단어를 고르세요.

(1)
> 저는 한국에서 아르바이트를 해 본 적이 있습니다. 힘들었지만 재미있었습니다. 그리고 여행도 많이 해 봤고 많은 음식을 먹어 봤습니다.

① 경험　　　　② 약속　　　　③ 취미　　　　④ 직업

(2)
> 저는 고등학생인데 이번에 대학교에 입학하려고 합니다. 그런데 무슨 전공을 공부해야 할지 잘 몰라서 걱정입니다. 어떤 공부가 저에게 맞을지 잘 몰라서 생각 중입니다.

① 결심　　　　② 고민　　　　③ 공무원　　　　④ 고장

8. (　　　) 안에 공통적으로 들어갈 단어를 고르세요.

(1)
> 선생님께서는 숙제 (　　　　　) 때문에 쉬지 못해요.
> 물건을 팔기 전에는 잘못된 곳이 없는지 (　　　　　)을/를 해요.

① 걸음　　　　② 검사　　　　③ 결과　　　　④ 결심

(2)
> 길을 (　　　　　) 전에는 차가 오는지 잘 봐야 돼요.
> 서울에는 한강을 (　　　　　) 수 있는 다리가 여러 개가 있어요.

① 가지다　　　　② 건너다　　　　③ 걸어가다　　　　④ 가리키다

9. 다음 밑줄 친 단어와 비슷한 의미의 단어를 고르세요.

(1)

> 노트북이 고장이 나서 <u>고쳐야</u> 돼요.

① 빌리다 　　　② 만들다 　　　③ 수리하다 　　　④ 가리키다

(2)

> 대학교를 졸업하고 <u>곧</u> 고향으로 돌아갈 거예요.

① 가득 　　　② 바로 　　　③ 가끔 　　　④ 별로

(3)

> 설악산은 가을에 단풍이 들어서 <u>경치</u>가 매우 아름다워요.

① 거울 　　　② 경험 　　　③ 고개 　　　④ 풍경

10. (　　　) 안에 알맞은 단어를 고르세요.

(1)

> 친구의 (　　　　　)이/가 너무 빨라서 저는 거의 뛰어갔어요.

① 걸음 　　　② 경찰 　　　③ 고개 　　　④ 결정

(2)

> 병원에서 검사 (　　　　　)이/가 아직 안 나와서 기다리고 있어요.

① 결심 　　　② 결과 　　　③ 결석 　　　④ 경기

(3)

> 건강을 위해서 매일 운동하기로 (　　　　　)을 했지만 쉽지 않아요.

① 결심 　　　② 경험 　　　③ 계산 　　　④ 고민

(4)

> 한국에서는 인사를 할 때 (　　　　　)을/를 숙여서 해요.

① 고개 　　　② 어깨 　　　③ 다리 　　　④ 가슴

쓰면서 외워 봅시다. 외운 단어에는 ◯ 해 보세요.

번호	한국어	의미	연습하기
1	공짜 명		
2	공휴일 명		
3	과거 명		
4	과자 명		
5	관계 명		
6	관광 명		
7	관광객 명		
8	관광지 명		
9	관심 명		
10	광고 명		
11	교과서 명		
12	교사 명		
13	교육 명		
14	교통비 명		
15	교통사고 명		
16	교환 명		
17	구름 명		
18	국 명		
19	국내 명		
20	국제 명		
21	굵다 형		
22	굽다 동		
23	궁금하다 형		
24	귀걸이 명		
25	귀엽다 형		
26	귀찮다 형		
27	규칙 명		
28	그거 대		
29	그곳 대		
30	그날 명		

1. 그림에 알맞은 단어를 연결하세요.

(1)

• ① 과자

(2)

• ② 교과서

2. 그림을 보고 □에 알맞은 글자를 쓰세요.

(1)

관 □ □

(2)

관 □ □

3. 그림을 보고 알맞은 단어에 ✓ 하세요.

(1)

굵다 □
가늘다 □

(2)

밥 □
국 □

4. 그림과 관계있는 문장을 연결하세요.

(1)

　• 　• ① 구름이 많이 끼었어요.

(2)

　• 　• ② 귀걸이를 했어요.

(3)

　• 　• ③ 오늘은 공휴일이에요.

5. 그림을 보고 대화를 완성하세요.

(1)

가: 왜 이렇게 늦었어요?

나: 미안해요. ＿＿＿＿＿＿＿ 늦었어요.

(2)

가: 어떻게 오셨습니까?

나: 어제 산 치마를 ＿＿＿＿＿＿＿ 왔어요.

(3)

가: 음료수는 얼마예요?

나: ＿＿＿＿＿＿＿＿＿＿＿＿＿＿.

6. 다음 밑줄 친 단어와 반대되는 의미의 단어를 고르세요.

(1)
> 손가락이 너무 굵어서 반지가 들어가지 않아요.

① 두껍다　　　② 비싸다　　　③ 가늘다　　　④ 강하다

(2)
> 그 노래는 국내에서 아주 많은 인기를 얻었어요.

① 국가　　　② 국민　　　③ 시외　　　④ 해외

7. ( ) 안에 공통적으로 들어갈 단어를 고르세요.

(1)
> 이 단어의 뜻이 무엇인지 ( ).
> 그 사람의 나이가 ( ) 물어봤어요.

① 궁금하다　　　② 조용하다　　　③ 간단하다　　　④ 시원하다

(2)
> 저는 게을러서 밖에 나가는 게 너무 ( ).
> 주말인데 ( ) 청소도 안 하고 빨래도 안 했어요.

① 친하다　　　② 귀찮다　　　③ 귀엽다　　　④ 굽다

8. 다음 밑줄 친 단어와 비슷한 의미의 단어를 고르세요.

(1)
> 우리 지난번에 만난 그곳에서 오후 2시에 봐요.

① 그거　　　② 거기　　　③ 그날　　　④ 거리

(2)
> 학생은 선생님의 말을 잘 들어야 합니다.

① 교실　　　② 교사　　　③ 교육　　　④ 교과서

9. ( ) 안에 알맞은 단어를 고르세요.

(1)
> 저는 집이 멀어서 생활비 중에서 ( )가 제일 많이 들어요.

① 관광지　　　　② 교과서　　　　③ 교통비　　　　④ 교육비

(2)
> 사람은 혼자서는 살 수 없어요. 다른 사람과 ( )을/를 맺으면서 살아야 해요.

① 관심　　　　② 관계　　　　③ 교환　　　　④ 광고

(3)
> 저는 어렸을 때부터 음악에 ( )이/가 정말 많았어요.

① 관계　　　　② 광고　　　　③ 관심　　　　④ 교육

10. 다음을 읽고 내용에 맞는 단어를 보기 에서 고르세요.

보기	광고　　교환　　규칙　　관광　　교육　　과거

(1) 아이들은 매일 학교에 가서 이것을 받습니다. 선생님한테 필요한 지식을 배우고 친구들과 지내면서 사람들과 함께 사는 법을 배웁니다.
이것은 ( )입니다.

(2) 사람들은 다른 지방이나 다른 나라에 가서 그곳의 경치를 보고 문화를 배웁니다. 그리고 유명한 장소를 구경합니다.
이것은 ( )입니다.

(3) 이것은 여러 사람들이 같이 생활하는 곳에는 항상 있어야 합니다. 이것을 지키면 여러 사람들이 같이 있어도 잘 지낼 수 있습니다.
이것은 ( )입니다.

쓰면서 외워 봅시다. 외운 단어에는 ○ 해 보세요.

번호	한국어	의미	연습하기
1	그냥 부		
2	그대로 부		
3	그동안 명		
4	그때 명		
5	그러나 부		
6	그러므로 부		
7	그런 관		
8	그립다 형		
9	그만 부		
10	그만두다 동		
11	그치다 동		
12	글씨 명		
13	글자 명		
14	금방 부		
15	금지 명		
16	급하다 형		
17	기르다 동		
18	기름 명		
19	기뻐하다 동		
20	기쁨 명		
21	기억 명		
22	기억나다 동		
23	기온 명		
24	기자 명		
25	기차역 명		
26	기차표 명		
27	기침 명		
28	기타 명		
29	기회 명		
30	긴장 명		

1. 그림에 알맞은 단어를 연결하세요.

(1)
•

• ① 기차표

(2)
•

• ② 기차역

2. 그림을 보고 □에 알맞은 글자를 쓰세요.

(1)

기 □

(2)

기 □

(3)

기 □

3. 그림을 보고 알맞은 단어에 ✓ 하세요.

(1)

기쁨 □
슬픔 □

(2)

콧물 □
기침 □

4. 그림과 관계있는 문장을 연결하세요.

(1)

• ① 글씨가 예뻐요.

(2)

• ② 기온이 높아요.

(3)

• ③ 부모님이 기뻐하세요.

5. 그림을 보고 대화를 완성하세요.

(1)

가: 여기에 주차를 해도 돼요?

나: 아니요, 여기는 _____.

(2)

가: 민수 씨, 취미가 뭐예요?

나: _____.

(3)

가: 지금도 비가 내리고 있어요?

나: 아니요, _____.

6. 다음 밑줄 친 단어와 비슷한 의미의 단어를 고르세요.

(1)
> 칠판에 쓴 글씨가 잘 안 보이니까 크게 써 주세요.

① 그림　　　　② 글자　　　　③ 기억　　　　④ 금지

(2)
> 집에서 꽃과 나무를 키우니까 공기가 좋아지는 것 같아요.

① 부르다　　　② 자르다　　　③ 기르다　　　④ 누르다

7. (　　　) 안에 공통적으로 들어갈 단어를 고르세요.

(1)
> 조금만 기다려요. (　　　　　) 나갈게요.
> 집에 (　　　　　) 들어왔어요.

① 그만　　　　② 금방　　　　③ 가끔　　　　④ 가득

(2)
> 편의점에 들어갔다가 (　　　　　) 나왔어요.
> 얼굴을 봤는데 인사도 안 하고 (　　　　　) 지나갔어요.

① 곧　　　　　② 가득　　　　③ 그냥　　　　④ 그만

8. 다음 밑줄 친 단어와 반대되는 의미의 단어를 고르세요.

(1)
> 고등학교 때 선생님께서는 지금도 교사 일을 계속하고 계세요.

① 기억나다　　② 그만두다　　③ 기뻐하다　　④ 갈아입다

(2)
> 부모님께서는 저의 대학 합격 소식을 듣고 매우 기뻐하셨어요.

① 기억나다　　② 좋아하다　　③ 슬퍼하다　　④ 가리키다

9. ( ) 안에 알맞은 단어를 보기 에서 고르세요.

> 보기   그러나   그러므로   그때   그런   그동안   그대로

(1) 단어를 열심히 외웠습니다. ( ) 기억이 안 납니다.

(2) 어렸을 때 쓴 일기를 지금까지 ( ) 가지고 있어요.

(3) 제가 선택한 일입니다. ( ) 후회하지 않습니다.

10. ( ) 안에 알맞은 단어를 고르세요.

(1)

> 다음에 ( )이/가 되면 다른 나라로 유학을 가고 싶어요.

① 기억   ② 기온   ③ 기회   ④ 긴장

(2)

> 발표 준비를 열심히 했지만 ( )이/가 돼요.

① 긴장   ② 기회   ③ 기억   ④ 금지

(3)

> 시간이 오래 지나서 그 사람의 이름도 얼굴도 ( ) 않아요.

① 그치지   ② 기르지   ③ 그만두지   ④ 기억나지

(4)

> 죄송하지만 ( ) 사정이 생겨서 못 갈 것 같아요.

① 급한   ② 귀여운   ③ 그리운   ④ 간단한

쓰면서 외워 봅시다. 외운 단어에는 ○ 해 보세요.

번호	한국어	의미	연습하기
1	길이 명		
2	김 명		
3	깊다 형		
4	까맣다 형		
5	깎다 동		
6	깜짝 부		
7	깨끗이 부		
8	깨다 동		
9	꺼내다 동		
10	꽃다발 명		
11	꽃병 명		
12	꽃집 명		
13	꾸다 동		
14	꿈 명		
15	끊다 동		
16	끓다 동		
17	끓이다 동		
18	끝내다 동		
19	끼다 동		
20	나누다 동		
21	나머지 명		
22	나이 명		
23	나타나다 동		
24	나흘 명		
25	낚시 명		
26	날다 동		
27	날씬하다 형		
28	남 명		
29	남기다 동		
30	남녀 명		

연습 ②

1. 그림에 알맞은 단어를 연결하세요.

(1)

·   · ① 김

(2)

·   · ② 김밥

2. 그림을 보고 □에 알맞은 글자를 쓰세요.

(1)

꽃 □

(2)

꽃 □

(3)

꽃 □ □

3. 그림을 보고 알맞은 단어에 ✓ 하세요.

(1)

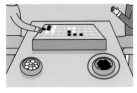

하얗다 □
까맣다 □

(2)

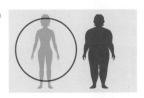

날씬하다 □
뚱뚱하다 □

4. 그림과 관계있는 문장을 연결하세요.

(1)  •

• ① 꿈을 꾸고 있어요.

(2)  •

• ② 물이 끓고 있어요.

(3)  •

• ③ 안경을 끼고 있어요.

5. 그림을 보고 대화를 완성하세요.

(1)

가: 주말에 보통 뭐 해요?

나: _____.

(2)

가: 영희 씨, 지금 뭐 해요?

나: 배고파서 _____.

(3)

가: 이번 생일에 뭐 받고 싶어요?

나: _____.

6. 다음 밑줄 친 단어와 반대되는 의미의 단어를 고르세요.

(1)

> 학교에 가기 전에 가방에 필요한 물건들을 챙겨서 <u>넣었어요</u>.

① 꺼내다   ② 끝내다   ③ 보내다   ④ 기르다

(2)

> 그 사람은 안경을 <u>벗고</u> 샤워를 했어요.

① 끄다   ② 끼다   ③ 입다   ④ 하다

(3)

> 우리 아버지는 <u>뚱뚱한</u> 편인데 요즘 매일 운동을 해요.

① 급하다   ② 귀찮다   ③ 게으르다   ④ 날씬하다

7. 다음 두 단어의 관계가 어색한 것을 고르세요.

(1)

> ① 김 – 먹다   ② 강 – 깊다   ③ 물 – 깎다   ④ 잠 – 깨다

(2)

> ① 꿈 – 꾸다   ② 남 – 끊다   ③ 나이 – 먹다   ④ 낚시 – 가다

8. (   ) 안에 공통적으로 들어갈 단어를 고르세요.

(1)

> 날씨가 너무 더워서 머리를 짧게 (   ).
> 시장에서 생선을 샀는데 가격을 (   ) 줬어요.

① 깎다   ② 깨다   ③ 끄다   ④ 끼다

(2)

> 고향 친구들과 많은 이야기를 (   ) 즐거웠어요.
> 우리 반 친구들은 팀을 (   ) 축구 경기를 했어요.

① 빌리다   ② 나누다   ③ 끓이다   ④ 남기다

9. ( ) 안에 알맞은 단어를 고르세요.

(1)

> 뒤에서 누가 갑자기 불러서 ( ) 놀랐어요.

① 가끔　　　② 깜짝　　　③ 그냥　　　④ 가득

(2)

> 된장찌개를 맛있게 ( ) 방법을 알아요?

① 끓는　　　② 꺼내는　　　③ 끝내는　　　④ 끓이는

(3)

> 건강을 위해서 담배를 ( ) 운동을 시작했어요.

① 끊고　　　② 끓고　　　③ 날고　　　④ 꾸고

(4)

> 교실에 선생님이 ( ) 학생들이 조용해졌어요.

① 기억나자　　　② 나타나자　　　③ 그만두자　　　④ 건너가자

(5)

> 음식을 ( ) 안 되니까 조금만 시켜서 먹어요.

① 남기면　　　② 끓이면　　　③ 끝내면　　　④ 꺼내면

10. ( ) 안에 알맞은 단어를 보기 에서 고르세요.

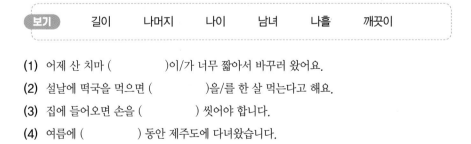

보기　　　길이　　　나머지　　　나이　　　남녀　　　나흘　　　깨끗이

(1) 어제 산 치마 ( )이/가 너무 짧아서 바꾸러 왔어요.
(2) 설날에 떡국을 먹으면 ( )을/를 한 살 먹는다고 해요.
(3) 집에 들어오면 손을 ( ) 씻어야 합니다.
(4) 여름에 ( ) 동안 제주도에 다녀왔습니다.
(5) 젊은 ( ) 커플이 해변을 걷고 있습니다.

결과 　○ **24개 이상 ▲** 　○ **23개 이하 ▼**

이렇게 하세요。 　연습 2로 융이! 　다시 한번 암기~!

쓰면서 외워 봅시다. 외운 단어에는 ◯ 해 보세요.

번호	한국어	의미	연습하기
1	남다 동		
2	남성 명		
3	남쪽 명		
4	낫다¹ 동		
5	낫다² 형		
6	낮잠 명		
7	내과 명		
8	내다 동		
9	내려가다 동		
10	내용 명		
11	냄비 명		
12	냄새 명		
13	냉장고 명		
14	너희 대		
15	넘다 동		
16	넘어지다 동		
17	노랗다 형		
18	노력 명		
19	노인 명		
20	놀라다 동		
21	놀이 명		
22	농담 명		
23	높이 명		
24	놓다 동		
25	누르다 동		
26	눈물 명		
27	눕다 동		
28	느끼다 동		
29	느낌 명		
30	느리다 형		

연습 2

1. 그림에 알맞은 단어를 연결하세요.

(1)

     •   • ① 냉장고

(2)

     •   • ② 세탁기

2. 그림을 보고 □에 알맞은 글자를 쓰세요.

(1)

냄 □

(2)

냄 □

3. 그림을 보고 알맞은 단어에 ✓ 하세요.

(1)

노랗다 □
빨갛다 □

(2)

여성 □
남성 □

(3)

노인 □
아이 □

4. 그림과 관계있는 문장을 연결하세요.

(1)

• • ① 고양이가 누워 있어요.

(2)

• • ② 슬퍼서 눈물이 흘러요.

(3)

• • ③ 배가 아파서 내과에 가요.

5. 그림을 보고 대화를 완성하세요.

(1)

가: 어떻게 하다가 다리를 다쳤어요?

나: 자전거를 타다가 _____.

(2)

가: 꽃병이 어디에 있어요?

나: 아까 책상 위에 꽃병을 _____.

그러니까 꽃병은 책상 위에 있을 거예요.

(3)

가: 화장실에 가려면 어디로 가야 돼요?

나: 1층으로 _____.

6. ( ) 안에 공통적으로 들어갈 단어를 고르세요.

(1)

> 감기가 다 ( ) 같이 놀러 가요.
> 감기에는 약 먹는 것보다 쉬는 것이 더 ( ).

① 넘다   ② 남다   ③ 낫다   ④ 놓다

(2)

> 숙제를 다 한 사람은 선생님한테 ( ).
> 처음부터 화를 ( ) 말고 내 말을 들어 보세요.

① 내다   ② 나다   ③ 남다   ④ 넘다

7. ( ) 안에 알맞은 단어를 고르세요.

(1)

> 할머니의 연세가 여든이 ( ) 아직도 건강하세요.

① 남으셨지만   ② 감으셨지만   ③ 놓으셨지만   ④ 넘으셨지만

(2)

> 가족들이 보내 준 선물을 받고 가족들의 마음을 ( ) 수 있었어요.

① 느낄   ② 느릴   ③ 놀랄   ④ 남길

(3)

> 길을 가다가 우연히 첫사랑을 만나서 너무 ( ).

① 꺼냈어요   ② 놀랐어요   ③ 길렀어요   ④ 눌렀어요

(4)

> 시험을 보기 전에 휴대폰의 전원을 꼭 ( ) 꺼 놓았어요.

① 불러서   ② 길러서   ③ 눌러서   ④ 잘라서

8. 다음 두 단어의 관계가 어색한 것을 고르세요.

(1)

① 시간 – 남다　　　　② 병 – 낫다

③ 노력 – 놓다　　　　④ 냄새 – 나다

(2)

① 느낌 – 하다　　　　② 낮잠 – 자다

③ 색깔 – 노랗다　　　④ 눈물 – 나다

9. 다음 밑줄 친 단어와 반대되는 의미의 단어를 고르세요.

(1)

문제가 너무 어려워서 시간이 <u>모자랄</u> 것 같아요.

① 넘다　　　② 남다　　　③ 놓다　　　④ 넣다

(2)

진수는 말이 너무 <u>느려서</u> 들을 때 좀 답답해요.

① 강하다　　　② 무겁다　　　③ 빠르다　　　④ 가늘다

10. (　　) 안에 알맞은 단어를 **보기** 에서 고르세요.

보기　놀이　　높이　　농담　　내용　　냄새　　남쪽　　너희

(1) 고양이는 생선 (　　　　)을/를 맡고 부엌으로 들어왔어요.

(2) 책의 (　　　　)이/가 조금 어렵기는 하지만 사진이 있어서 이해할 수 있어요.

(3) 민수 씨는 너무 (　　　　)만 하니까 조금 가벼워 보여요.

결과	◯ **24개 이상 ▲**	◯ **23개 이하 ▼**
이렇게 하세요.	연습 2로 옹!	다시 한번 암기~!

쓰면서 외워 봅시다. 외운 단어에는 ◯ 해 보세요.

번호	한국어	의미	연습하기
1	늘 [부]		
2	늘다 [동]		
3	늙다 [동]		
4	능력 [명]		
5	다리² [명]		
6	다양하다 [형]		
7	다음날 [명]		
8	다이어트 [명]		
9	다치다 [동]		
10	다하다 [동]		
11	닦다 [동]		
12	단추 [명]		
13	단풍 [명]		
14	달력 [명]		
15	달리다 [동]		
16	닮다 [동]		
17	답 [명]		
18	답답하다 [형]		
19	답장 [명]		
20	대부분 [명], [부]		
21	대학원 [명]		
22	대회 [명]		
23	댁 [명]		
24	더럽다 [형]		
25	더욱 [부]		
26	덕분 [명]		
27	던지다 [동]		
28	데려가다 [동]		
29	데이트 [명]		
30	도로 [명]		

1. 그림에 알맞은 단어를 연결하세요.

(1)

• ① 달력

(2)

• ② 도로

2. 그림을 보고 □에 알맞은 글자를 쓰세요.

(1)

단 □

(2)

단 □

3. 그림을 보고 알맞은 단어에 ✓ 하세요.

(1)

늙다 □
젊다 □

(2)

허리 □
다리 □

4. 그림과 관계있는 문장을 연결하세요.

(1)

・

・ ① 인형이 달려 있어요.

(2)

・

・ ② 이를 닦아요.

(3)

・

・ ③ 서로 닮았어요.

5. 그림을 보고 대화를 완성하세요.

(1)

가: 방이 깨끗해요?

나: 아니요, _____.

(2)

가: 할머니는 어디에 계세요?

나: _____.

(3)

가: 오늘 예쁘게 화장을 했네요. 약속이 있어요?

나: 네, 이따가 _____.

6. 다음 밑줄 친 단어와 반대되는 의미의 단어를 고르세요.

(1)

우리 학교는 작년보다 학생이 더 늘었어요.

① 줄다　　　　② 닦다　　　　③ 남다　　　　④ 깎다

(2)

친구한테 하고 싶은 말을 다 해서 속이 <u>시원해요</u>.

① 날씬하다　　② 다양하다　　③ 간단하다　　④ 답답하다

7. (　　　) 안에 공통적으로 들어갈 단어를 고르세요.

(1)

친구는 (　　　　)가 길어서 청바지가 잘 어울려요.
서울에는 한강을 건너가는 여러 개의 (　　　　)가 있어요.

① 거리　　　　② 다리　　　　③ 허리　　　　④ 머리

(2)

아이의 가방에는 작은 인형이 (　　　) 있어요.
다이어트를 하려고 매일 운동장을 (　　　　).

① 다하다　　　② 그치다　　　③ 달리다　　　④ 나누다

8. 다음 밑줄 친 단어와 비슷한 의미의 단어를 고르세요.

(1)

할머니는 저에게 <u>항상</u> 재미있는 이야기를 해 주셨어요.

① 늘　　　　　② 그냥　　　　③ 금방　　　　④ 더욱

(2)

저와 언니는 동그란 눈하고 넓은 이마가 <u>닮았어요</u>.

① 답답하다　　② 궁금하다　　③ 비슷하다　　④ 다양하다

9. ( ) 안에 알맞은 단어를 고르세요.

(1)
> 동생을 놀이공원에 ( ) 너무 기뻐했어요.

① 다쳤는데   ② 달렸는데   ③ 넘어졌는데   ④ 데려갔는데

(2)
> 누군가 공을 ( ) 창문이 깨졌어요.

① 놀라서   ② 눌러서   ③ 남겨서   ④ 던져서

(3)
> 이곳에는 얼굴도 성격도 다른 ( ) 사람들이 살고 있어요.

① 다양한   ② 궁금한   ③ 답답한   ④ 깨끗한

(4)
> 시간이 지나면서 밤이 ( ) 깊어졌어요.

① 다음날   ② 그만   ③ 더욱   ④ 대부분

10. ( ) 안에 알맞은 단어를 보기 에서 골라 문장을 완성하세요.

> 보기   능력   대회   단풍   덕분   다이어트   도로   답장   데이트   답

(1) 저는 요즘 ( )을/를 합니다. 그래서 아침에 일어나서 1시간씩 운동을 합니다. 그리고 저녁에는 밥을 조금만 먹습니다. 그런데 오늘은 주말이라서 남자친구와 ( )을/를 했습니다. 공원에 갔는데 가을이라서 ( )이/가 들었습니다. 경치가 너무 아름다웠습니다.

(2) 저는 영어도 잘하고 한국어도 잘합니다. 그리고 중국어도 조금 할 줄 압니다. 이렇게 외국어 ( )이/가 좋아서 인기가 많습니다. 제가 외국어를 잘하게 된 것은 모두 부모님 ( )입니다. 어렸을 때부터 외국 여행을 자주 했기 때문입니다. 그리고 이번 한국어 말하기 ( )에서도 상을 받았습니다.

쓰면서 외워 봅시다. 외운 단어에는 ○ 해 보세요.

번호	한국어	의미	연습하기
1	도시 명		
2	도움 명		
3	독서 명		
4	돌다 동		
5	돌려주다 동		
6	돌리다 동		
7	동네 명		
8	동물 명		
9	동물원 명		
10	동시 명		
11	동전 명		
12	동쪽 명		
13	두껍다 형		
14	두다 동		
15	두통 명		
16	드디어 부		
17	들르다 동		
18	들리다 동		
19	디자인 명		
20	따로 부		
21	땀 명		
22	땅 명		
23	떠나다 동		
24	떠들다 동		
25	떡국 명		
26	떨어지다 동		
27	또는 부		
28	똑같다 형		
29	똑같이 부		
30	똑똑하다 형		

연습 ②

1. 그림에 알맞은 단어를 연결하세요.

(1)

• ① 땀

(2)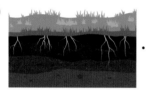

• ② 땅

2. 그림을 보고 □에 알맞은 글자를 쓰세요.

(1)

동 □

(2)

동 □

3. 그림을 보고 알맞은 단어에 ✓ 하세요.

(1)

시골 □

도시 □

(2)

동쪽 □

남쪽 □

4. 그림과 관계있는 문장을 연결하세요.

(1)

• ① 추석에 송편을 먹어요.

(2)

• ② 두통이 있을 때 약을 먹어요.

(3)

• ③ 설날에 떡국을 먹어요.

5. 그림을 보고 대화를 완성하세요.

(1)

가: 주말에 어디에 갔다 왔어요?

나: _____.

(2)

가: 민수 씨는 취미가 뭐예요?

나: _____.

(3)

가: 영희 씨는 언니랑 얼굴이 닮았어요?

나: 네, 저랑 언니는 _____ 생겼어요.

6. 다음 단어 중에서 나머지 셋과 관계가 <u>없는</u> 것을 골라 ○ 하세요.

(1)

> 두통   병원   동네   의사

(2)

> 똑같다   닮다   비슷하다   똑똑하다

7. (   ) 안에 공통적으로 들어갈 단어를 고르세요.

(1)

> 지갑에서 동전이 (   ).
> 면접시험에 (   ) 기분이 안 좋아요.

① 떠들다   ② 떠나다   ③ 떨어지다   ④ 돌려주다

(2)

> 동생은 오늘 외국으로 여행을 (   ).
> 고향을 (   ) 지 벌써 일 년이 다 되었어요.

① 돌다   ② 들르다   ③ 떠나다   ④ 들리다

8. 다음 밑줄 친 단어와 반대되는 의미의 단어를 고르세요.

(1)

> 어제 입은 옷이 너무 <u>얇아서</u> 감기에 걸렸어요.

① 강하다   ② 두껍다   ③ 똑같다   ④ 더럽다

(2)

> 저는 고향에서 가족들과 <u>같이</u> 살고 싶어요.

① 그만   ② 금방   ③ 더욱   ④ 따로

(3)

> 그 사람은 <u>멍청해서</u> 여러 번 설명을 해도 이해를 못 해요.

① 날씬하다   ② 똑똑하다   ③ 뚱뚱하다   ④ 답답하다

9. ( ) 안에 알맞은 단어를 고르세요.

(1)

> 바깥에 사람들이 ( ) 너무 시끄러워요.

① 떠나서　　　　② 들려서　　　　③ 들러서　　　　④ 떠들어서

(2)

> 학교에 오다가 편의점에 잠깐 ( ) 우유를 샀어요.

① 들려서　　　　② 던져서　　　　③ 들러서　　　　④ 돌려줘서

(3)

> 친구한테 빌린 책을 ( ) 친구 집에 갔어요.

① 돌려고　　　　② 들르려고　　　　③ 돌리려고　　　　④ 돌려주려고

(4)

> 기다리고 기다린 휴가가 ( ) 다음 주부터입니다.

① 또는　　　　② 따로　　　　③ 드디어　　　　④ 똑같이

10. ( ) 안에 알맞은 단어를 보기 에서 골라 문장을 완성하세요.

> 보기　동물　도움　디자인　동시　동물원　동전　동네　독서

(1) 우리 ( )에는 작은 ( )이/가 하나 있습니다. 그곳에는 호랑이처럼 무섭거나 원숭이처럼 귀여운 ( )이/가 많이 있습니다.

(2) 저는 대학교에서 ( )을/를 전공하고 있습니다. 학교에 다니면서 ( ) 에 아르바이트도 하고 있습니다. 가끔 일이 힘들거나 공부가 어려울 때에는 친한 선배가 도와줍니다. 선배의 ( ) 덕분에 저는 다시 힘을 낼 수 있습니다.

쓰면서 외워 봅시다. 외운 단어에는 ◯ 해 보세요.

번호	한국어	의미	연습하기
1	똑바로 부		
2	뚱뚱하다 형		
3	뛰다 동		
4	뛰어가다 동		
5	뜨겁다 형		
6	뜨다 동		
7	뜻 명		
8	라디오 명		
9	마당 명		
10	마르다 동		
11	마을 명		
12	마중 명		
13	마지막 명		
14	마치다 동		
15	마트 명		
16	막히다 동		
17	만약 명, 부		
18	만일 명, 부		
19	만지다 동		
20	만화 명		
21	말² 의		
22	맞추다 동		
23	매년 부		
24	매다 동		
25	매달 부		
26	매우 부		
27	매주 부		
28	매표소 명		
29	멀리 부		
30	멈추다 동		

1. 그림에 알맞은 단어를 연결하세요.

(1)

· ① 마을

(2)

· ② 마트

2. 그림을 보고 ☐에 알맞은 글자를 쓰세요.

(1)

(2)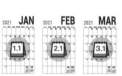

(3)

매 ☐   매 ☐   매 ☐

3. 그림을 보고 알맞은 단어에 ✓ 하세요.

(1)

멀리 ☐
가까이 ☐

(2)

메다 ☐
매다 ☐

4. 그림과 관계있는 문장을 연결하세요.

(1)

    •

       • ① 한옥에는 마당이 있어요.

(2)

    •

       • ② 매표소에서 친구를 기다려요.

(3)

    •

       • ③ 제 취미는 만화 그리는 거예요.

5. 그림을 보고 대화를 완성하세요.

(1)

가: 커피가 차가워요?

나: 아니요, _____.

(2)

가: 지금 뭐 해요?

나: _____.

(3)

가: 왜 이렇게 늦었어요?

나: 미안해요, _____.

6. 다음 단어 중에서 보기 단어와 관계가 없는 것을 고르세요.

(1)

| 보기 | 마중 |

① 가다　　　　② 오다　　　　③ 하다　　　　④ 나다

(2)

| 보기 | 막히다 |

① 길　　　　② 기　　　　③ 눈　　　　④ 코

7. ( ) 안에 공통적으로 들어갈 단어를 고르세요.

(1)

해는 동쪽에서 ( ) 서쪽으로 집니다.
모두 감고 있는 눈을 ( ) 앞을 보세요.

① 깨다　　　　② 뜨다　　　　③ 두다　　　　④ 뛰다

(2)

오늘 비가 와서 빨래가 잘 ( ) 않아요.
등산을 하는 동안 목이 ( ).

① 마르다　　　　② 만지다　　　　③ 막히다　　　　④ 맞추다

8. 다음 밑줄 친 단어와 비슷한 의미의 단어를 고르세요.

(1)

내일 등산을 가기로 했는데 <u>만약</u> 눈이 온다면 등산은 취소할 거예요.

① 매주　　　　② 만일　　　　③ 매달　　　　④ 만화

(2)

이번 달 말에 결혼 준비를 <u>마치면</u> 친구들한테 청첩장을 보내려고 해요.

① 만지다　　　　② 막히다　　　　③ 멈추다　　　　④ 끝내다

9. ( ) 안에 알맞은 단어를 고르세요.

(1)

> 그 사람에 대해 아는 것이 있으면 ( ) 말해 주세요.

① 매우 ② 방금 ③ 갑자기 ④ 똑바로

(2)

> 박물관에 있는 물건들은 ( ) 말고 눈으로만 보세요.

① 마르지 ② 만지지 ③ 마치지 ④ 막히지

(3)

> 마을 앞에 도착한 택시가 ( ) 한 남자가 내렸어요.

① 막히고 ② 마르고 ③ 멈추고 ④ 맞추고

10. 다음 밑줄 친 단어와 반대되는 의미의 단어를 고르세요.

(1)

> 어머니는 <u>날씬한</u> 몸매를 유지하기 위해서 매일 운동을 해요.

① 똑똑하다 ② 뚱뚱하다 ③ 답답하다 ④ 다양하다

(2)

> 아버지 직장 때문에 학교에서 <u>멀리</u> 이사를 갔어요.

① 매우 ② 따로 ③ 갑자기 ④ 가까이

(3)

> 학생들은 모두 <u>마지막</u>까지 열심히 수업을 들었습니다.

① 처음 ② 만일 ③ 대부분 ④ 답장

(4)

> 지하철이 도착한다는 소리를 듣고 사람들이 <u>뛰어갔어요</u>.

① 돌아가다 ② 걸어가다 ③ 데려가다 ④ 건너가다

쓰면서 외워 봅시다. 외운 단어에는 ○ 해 보세요.

번호	한국어	의미	연습하기
1	메다 동		
2	메모 명		
3	메시지 명		
4	메일 명		
5	명절 명		
6	모기 명		
7	모든 관		
8	모습 명		
9	모양 명		
10	모으다 동		
11	모이다 동		
12	모임 명		
13	모자라다 동		
14	목걸이 명		
15	목도리 명		
16	목소리 명		
17	목욕 명		
18	목적 명		
19	못생기다 동		
20	무게 명		
21	무궁화 명		
22	무료 명		
23	무릎 명		
24	무섭다 형		
25	무척 부		
26	문제 명		
27	물고기 명		
28	물론 명		
29	물어보다 동		
30	미끄러지다 동		

30 일차　**연습 2**

1. 그림에 알맞은 단어를 연결하세요.

(1)

・

・① 무궁화

(2)

・

・② 물고기

2. 그림을 보고 □에 알맞은 글자를 쓰세요.

(1)　　　　　　　(2)　　　　　　　(3)

목 □ □　　　목 □ □　　　목 □ □

3. 그림을 보고 알맞은 단어에 ✓ 하세요.

(1)

메일 □

메모 □

(2)

어깨 □

무릎 □

149

4. 그림과 관계있는 문장을 연결하세요.

(1)

　•

　• ① 계단에서 미끄러졌어요.

(2)

　•

　• ② 모기가 팔을 물어요.

(3)

　•

　• ③ 메시지를 보내요.

5. 그림을 보고 대화를 완성하세요.

(1)

가: 누가 민수 씨예요?

나: _____ 있는 사람이에요.

(2)

가: 생일에 무슨 선물을 받았어요?

나: _____.

(3)

가: 누가 영희 씨예요?

나: _____ 있는 사람이에요.

6. 다음 단어 중에서 　보기　 단어와 관계가 없는 것을 고르세요.

(1)
> 　보기　　　　　　　　　　하다

① 목욕　　　　② 목걸이　　　　③ 목소리　　　　④ 목도리

(2)
> 　보기　　　　　　　　　　쓰다

① 메모　　　　② 메시지　　　　③ 메일　　　　④ 모양

7. 다음 밑줄 친 단어와 비슷한 의미의 단어를 고르세요.

(1)
> 처음 본 그 친구의 모습은 <u>매우</u> 예뻤어요.

① 멀리　　　　② 무척　　　　③ 깜짝　　　　④ 더욱

(2)
> 이 식당은 반찬이 <u>공짜</u>라서 마음대로 먹을 수 있어요.

① 유료　　　　② 무게　　　　③ 무료　　　　④ 문제

8. 다음 밑줄 친 단어와 반대되는 의미의 단어를 고르세요.

(1)
> 이번 달에 생활비를 많이 써서 <u>모자랄지도</u> 몰라요.

① 넘다　　　　② 남다　　　　③ 깨다　　　　④ 뜨다

(2)
> 그 친구는 얼굴은 <u>잘생겼지만</u> 성격이 별로 좋지 않아요.

① 두껍다　　　　② 물어보다　　　　③ 게으르다　　　　④ 못생기다

9. (   ) 안에 알맞은 단어를 고르세요.

(1)

> 용돈을 (   ) 부모님 생신 선물을 사 드릴 거예요.

① 길러서　　　② 모아서　　　③ 나눠서　　　④ 돌려서

(2)

> 명절에는 다른 곳에 사는 가족들이 모두 (   ).

① 만져요　　　② 멈춰요　　　③ 모여요　　　④ 남겨요

(3)

> 거실에서 이상한 소리가 났는데 (   ) 나가지 못했어요.

① 두꺼워서　　　② 무서워서　　　③ 무거워서　　　④ 뜨거워서

(4)

> 겨울이 되어서 날씨가 (   ) 추워졌어요.

① 늘　　　② 무척　　　③ 그냥　　　④ 모든

10. (   ) 안에 알맞은 단어를 보기 에서 고르세요.

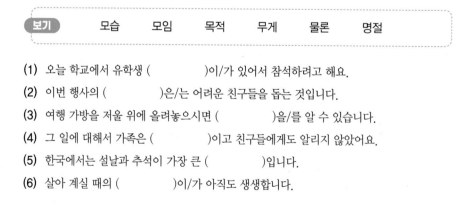

| 보기 | 모습 | 모임 | 목적 | 무게 | 물론 | 명절 |

(1) 오늘 학교에서 유학생 (   )이/가 있어서 참석하려고 해요.
(2) 이번 행사의 (   )은/는 어려운 친구들을 돕는 것입니다.
(3) 여행 가방을 저울 위에 올려놓으시면 (   )을/를 알 수 있습니다.
(4) 그 일에 대해서 가족은 (   )이고 친구들에게도 알리지 않았어요.
(5) 한국에서는 설날과 추석이 가장 큰 (   )입니다.
(6) 살아 계실 때의 (   )이/가 아직도 생생합니다.

쓰면서 외워 봅시다. 외운 단어에는 ◯ 해 보세요.

번호	한국어	의미	연습하기
1	미래 명		
2	미리 부		
3	미술관 명		
4	미역국 명		
5	미터 의		
6	믿다 동		
7	밀가루 명		
8	밀다 동		
9	바깥 명		
10	바뀌다 동		
11	바닥 명		
12	바닷가 명		
13	바라다 동		
14	바라보다 동		
15	바르다 동		
16	바이올린 명		
17	박수 명		
18	반대 명		
19	반드시 부		
20	반바지 명		
21	반지 명		
22	반찬 명		
23	받아쓰다 동		
24	발가락 명		
25	밝다 형		
26	방금 부, 명		
27	방문 명		
28	방법 명		
29	방송 명		
30	방송국 명		

1. 그림에 알맞은 단어를 연결하세요.

(1)

• ① 미술관

(2)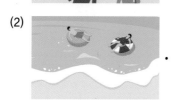

• ② 바닷가

2. 그림을 보고 □에 알맞은 글자를 쓰세요.

(1)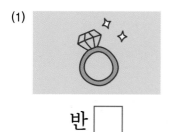

반 □

(2)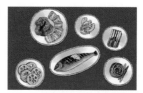

반 □

3. 그림을 보고 알맞은 단어에 ✓ 하세요.

(1)

바닥 □
천장 □

(2)

손가락 □
발가락 □

4. 그림과 관계있는 문장을 연결하세요.

(1)

• • ① 국수는 밀가루로 만들어요.

(2)

• • ② 생일에 미역국을 먹어요.

(3)

• • ③ 가수를 만나러 방송국에 가요.

5. 그림을 보고 대화를 완성하세요.

(1)

가: 민수 씨는 무슨 옷을 입었어요?

나: _____.

(2)

가: 영희 씨는 무슨 악기를 연주할 줄 알아요?

나: _____.

(3)

가: 피부가 빨갛게 되었는데 어떻게 해야 돼요?

나: 연고를 드릴 테니까 _____.

6. ( ) 안에 공통적으로 들어갈 단어를 고르세요.

(1)
> 이 세상의 모든 어머니는 자식의 성공을 ( ).
> 새해에는 더 건강하시고 행복하시기를 ( ).

① 바라다　　② 바르다　　③ 바뀌다　　④ 마르다

(2)
> 햇빛이 너무 ( ) 눈을 뜰 수가 없어요.
> 친구가 나를 보고 ( ) 웃으면서 왔어요.

① 굵다　　② 맑다　　③ 짧다　　④ 밝다

7. 다음 밑줄 친 단어와 반대되는 의미의 단어를 고르세요.

(1)
> 그분의 의견에 <u>찬성</u>을 하는 사람이 더 많습니다.

① 박수　　② 방문　　③ 반대　　④ 반찬

(2)
> 문을 열려면 손잡이를 잡고 앞으로 <u>당기면</u> 됩니다.

① 믿다　　② 밀다　　③ 바라다　　④ 바뀌다

8. 다음 단어 중에서 보기 단어와 관계가 <u>없는</u> 것을 고르세요.

(1)
> 보기　　　　　　　　끼다

① 반지　　② 안경　　③ 마스크　　④ 목도리

(2)
> 보기　　　　　　　　바르다

① 약　　② 연고　　③ 선크림　　④ 알약

9. ( ) 안에 알맞은 단어를 고르세요.

(1)

어려운 친구를 도와줄 수 있는 ( )을/를 찾고 있습니다.

① 바깥   ② 반대   ③ 바닥   ④ 방법

(2)

그의 노래가 끝나자 사람들은 모두 ( )을/를 쳤습니다.

① 반대   ② 반지   ③ 박수   ④ 방송

(3)

아이들은 부모님의 학교 ( )을/를 기뻐했습니다.

① 방문   ② 방법   ③ 반지   ④ 반찬

(4)

부부 관계에서는 서로 ( ) 것이 제일 중요합니다.

① 받는   ② 닮는   ③ 매는   ④ 믿는

(5)

시간이 지나면서 사람들의 생각도 많이 ( ) 있습니다.

① 바르고   ② 받아쓰고   ③ 바뀌고   ④ 바라보고

10. ( ) 안에 알맞은 단어를 보기 에서 고르세요.

보기   방금   미리   미래   미터   반드시

(1) 내일 아침에 일찍 떠나려고 밤에 ( ) 준비를 해 놓았어요.

(2) 그 친구의 결혼 소식을 ( ) 들었는데 사실인가요?

(3) 열심히 공부해서 이번 시험에 ( ) 합격하겠어요.

쓰면서 외워 봅시다. 외운 단어에는 ◯ 해 보세요.

번호	한국어	의미	연습하기
1	방향 명		
2	배³ 명		
3	배달 명		
4	배드민턴 명		
5	배탈 명		
6	버릇 명		
7	버리다 동		
8	번째 의		
9	벌 의		
10	벌다 동		
11	벌써 부		
12	벗다 동		
13	벽 명		
14	변하다 동		
15	변호사 명		
16	별 명		
17	병문안 명		
18	보이다¹ 동		
19	보이다² 동		
20	복습 명		
21	복잡하다 형		
22	볶다 동		
23	봉투 명		
24	뵙다 동		
25	부끄럽다 형		
26	부드럽다 형		
27	부럽다 형		
28	부르다² 형		
29	부부 명		
30	부분 명		

1. 그림에 알맞은 단어를 연결하세요.

(1)

- ・ ① 벽

(2)

- ・ ② 별

2. 그림을 보고 □에 알맞은 글자를 쓰세요.

(1)

배 □

(2)

배 □

3. 그림을 보고 알맞은 단어에 ✓ 하세요.

(1)

벗다 □
입다 □

(2)

벌 □
켤레 □

4. 그림과 관계있는 문장을 연결하세요.

(1)  •

• ① 밥을 볶아요.

(2)  •

• ② 배드민턴을 쳐요.

(3)  •

• ③ 변호사로 일하고 있어요.

5. 그림을 보고 대화를 완성하세요.

(1)

가: 창문을 열면 뭐가 보여요?

나: _____.

(2)

가: 돈을 어디에 넣을까요?

나: _____.

(3)

가: 더 드실래요?

나: 아니요, _____.

6. 다음 밑줄 친 단어와 비슷한 의미의 단어를 고르세요.

(1)

> 저는 공부할 때 볼펜을 돌리는 <u>습관</u>이 있어요.

① 버릇   ② 방향   ③ 복습   ④ 부분

(2)

> 친구가 병원에 입원해 있어서 <u>문병</u>을 다녀왔어요.

① 배달   ② 약국   ③ 방송국   ④ 병문안

7. (　　　) 안에 공통적으로 들어갈 단어를 고르세요.

(1)

> 밥을 두 그릇이나 먹어서 배가 (　　　).
> 제 동생은 노래를 가수처럼 잘 (　　　).

① 자르다   ② 부르다   ③ 버리다   ④ 돌리다

(2)

> 저기 (　　　) 게 서울타워인 것 같아요.
> 죄송하지만 신분증 좀 (　　　) 주세요.

① 만지다   ② 모이다   ③ 보이다   ④ 버리다

8. 다음 밑줄 친 단어와 반대되는 의미의 단어를 고르세요.

(1)

> 말하기 대회에 참가하는 방법이 생각보다 <u>간단해요</u>.

① 부럽다   ② 복잡하다   ③ 부드럽다   ④ 부끄럽다

(2)

> 한국에서는 집에 들어갈 때 신발을 <u>벗고</u> 들어가요.

① 입다   ② 신다   ③ 하다   ④ 끼다

9. ( ) 안에 알맞은 단어를 고르세요.

(1)
> 쓰레기는 반드시 쓰레기통에 ( ) 합니다.

① 나눠야   ② 버려야   ③ 변해야   ④ 보여야

(2)
> 저는 방학 때 아르바이트를 해서 등록금을 ( ) 있습니다.

① 뵙고   ② 벗고   ③ 벌고   ④ 믿고

(3)
> 어젯밤에 ( )이 나서 계속 화장실에 왔다 갔다 했어요.

① 방향   ② 배탈   ③ 부분   ④ 배달

(4)
> 지하철역으로 가려면 어느 ( )(으)로 가야 하는지 알아요?

① 방향   ② 배탈   ③ 부분   ④ 배달

(5)
> 방금 출발한 것 같은데 ( ) 도착했어요?

① 미리   ② 벌써   ③ 무척   ④ 반드시

10. ( ) 안에 알맞은 단어를 보기 에서 골라 문장을 완성하세요.

보기   부럽다   부드럽다   복잡하다   부끄럽다   배   부부   번째

(1) 아기 피부는 하얗고 ( ) 것 같아요.
(2) 저는 친구들 앞에서 발표할 때 ( ) 얼굴이 빨개져요.
(3) 노래 잘하는 친구가 ( ) 혼자 노래방에서 연습을 했어요.
(4) 작년보다 물가가 두 ( )로 올랐어요.
(5) 한국을 방문한 것은 이번에 두 ( )입니다.

연습 ❶

쓰면서 외워 봅시다. 외운 단어에는 ○ 해 보세요.

번호	한국어	의미	연습하기
1	부인 명		
2	부자 명		
3	부족하다 형		
4	부지런하다 형		
5	부치다 동		
6	북쪽 명		
7	분명하다 형		
8	분식 명		
9	분위기 명		
10	불쌍하다 형		
11	불안 명		
12	불편 명		
13	붉다 형		
14	붙다 동		
15	붙이다 동		
16	비교 명		
17	비누 명		
18	비다 동		
19	비디오 명		
20	비밀 명		
21	비슷하다 형		
22	빌딩 명		
23	빠지다 동		
24	빨갛다 형		
25	빨다 동		
26	빨래 명		
27	빵집 명		
28	빼다 동		
29	뽑다 동		
30	사거리 명		

연습 ②

1. 그림에 알맞은 단어를 연결하세요.

(1)

· ① 빵집

(2)

· ② 분식집

2. 그림을 보고 □에 알맞은 글자를 쓰세요.

(1)

비 □

(2)

비 □

(3)

비 □ 오

3. 그림을 보고 알맞은 단어에 ✓ 하세요.

(1)

게으르다 □
부지런하다 □

(2)

남쪽 □
북쪽 □

4. 그림과 관계있는 문장을 연결하세요.

(1)

• ① 돈이 많은 부자예요.

(2)

• ② 시내에는 빌딩이 많아요.

(3)

• ③ 단풍이 붉게 물들었어요.

5. 그림을 보고 대화를 완성하세요.

(1)

가: 지하철역에 가려면 어떻게 가야 돼요?

나: _____ 오른쪽으로 돌아가면 돼요.

(2)

가: 민수 씨, 지금 뭐 해요?

나: 봉투에 우표를 _____.

(3)

가: 영희 씨는 요즘 어디에서 아르바이트를 해요?

나: 저는 _____ 일해요.

2급 33일 차

6. 다음 밑줄 친 단어와 비슷한 의미의 단어를 고르세요.

(1)
> 부모님 생신이라서 선물을 사서 <u>보내</u> 드렸어요.

① 붙이다　　② 부치다　　③ 빠지다　　④ 변하다

(2)
> 그가 저 사람을 좋아하는 게 <u>확실해요</u>.

① 부족하다　　② 불쌍하다　　③ 비슷하다　　④ 분명하다

7. 다음 단어 중에서 (보기) 단어와 관계가 <u>없는</u> 것을 고르세요.

(1)
> (보기)　　　　　　　　살

① 빼다　　② 빠지다　　③ 찌다　　④ 뽑다

(2)
> (보기)　　　　　　　　비밀

① 말하다　　② 지키다　　③ 알다　　④ 빨다

8. 다음 밑줄 친 단어와 반대되는 의미의 단어를 고르세요.

(1)
> 출퇴근 시간이라서 지하철에 사람들이 가득 <u>차</u> 있어요.

① 붙다　　② 빼다　　③ 비다　　④ 뽑다

(2)
> 하루에 8시간 정도 잠을 자면 <u>충분하지</u> 않을까요?

① 부족하다　　② 불안하다　　③ 비슷하다　　④ 불쌍하다

9. ( ) 안에 알맞은 단어를 고르세요.

(1)
주말에 친구와 같이 (   )이/가 좋은 카페에 가기로 했어요.

① 기분　　　　② 분식　　　　③ 분위기　　　　④ 사거리

(2)
저의 어렸을 때 꿈은 어렵고 (   ) 사람들을 도와주는 것이었어요.

① 분명한　　　② 비슷한　　　③ 부지런한　　　④ 불쌍한

(3)
저와 언니는 얼굴은 (   ) 생겼지만 성격은 아주 달라요.

① 비슷하게　　② 부드럽게　　③ 불쌍하게　　④ 불편하게

(4)
코로나 때문에 많은 사람들이 (   )을/를 느끼고 있어요.

① 비교　　　　② 불안　　　　③ 비밀　　　　④ 부인

(5)
물건을 사기 전에는 다른 가게의 물건과 (   )을/를 해 봐야 합니다.

① 빨래　　　　② 불편　　　　③ 비밀　　　　④ 비교

10. ( ) 안에 알맞은 단어를 **보기** 에서 골라 문장을 완성하세요.

보기　　　붙이다　　빨다　　뽑다　　빼다　　빨갛다

(1) 저는 이불이나 옷을 (   ) 때 세탁기를 이용합니다.
(2) 살을 (   ) 다이어트를 시작했습니다.
(3) 대통령은 우리 손으로 직접 (   ) 합니다.

쓰면서 외워 봅시다. 외운 단어에는 ○ 해 보세요.

번호	한국어	의미	연습하기
1	사계절 명		
2	사고 명		
3	사실 명, 부		
4	사업 명		
5	사이즈 명		
6	사장 명		
7	사탕 명		
8	사흘 명		
9	살² 명		
10	삼거리 명		
11	상 명		
12	상자 명		
13	상처 명		
14	상품 명		
15	새 관		
16	새로 부		
17	새롭다 형		
18	새벽 명		
19	새해 명		
20	색깔 명		
21	생각나다 동		
22	생기다 동		
23	생선 명		
24	서다 동		
25	서두르다 동		
26	서랍 명		
27	서로 부		
28	서류 명		
29	서비스 명		
30	서양 명		

1. 그림에 알맞은 단어를 연결하세요.

(1)

· · ① 상자

(2)

· · ② 상품

2. 그림을 보고 에 알맞은 글자를 쓰세요.

(1)

사 □

(2)

사 □

(3)

사 □

3. 그림을 보고 알맞은 단어에 하세요.

(1)

새벽 □
밤 □

(2)

동양 □
서양 □

4. 그림과 관계있는 문장을 연결하세요.

(1)

 •

• ① 서랍이 열려 있어요.

(2)

 •

• ② 여러 가지 색깔이 있어요.

(3)

 •

• ③ 한국에는 사계절이 있어요.

5. 그림을 보고 대화를 완성하세요.

(1)

가: 민수 씨는 좋아하는 음식이 뭐예요?

나: _____.

(2)

가: 왜 이렇게 늦게 왔어요?

나: 미안해요. _____ 길이 많이 막혔어요.

(3)

가: 누가 영희 씨예요?

나: 저기 창문 앞에 _____ 사람이에요.

6. 다음 단어 중에서 나머지 셋과 관계가 <u>없는</u> 것을 골라 ○ 하세요.

(1)
| 상자 | 상품 | 배달 | 서양 |

(2)
| 서류 | 사고 | 상처 | 병원 |

7. ( ) 안에 공통적으로 들어갈 단어를 고르세요.

(1)
대회에 나가서 ( )을 받았어요.
밥을 먹기 위해 ( ) 위에 음식을 놓았어요.

① 살 ② 상 ③ 벽 ④ 별

(2)
이 식당은 직원들이 친절하고 ( )이/가 좋아요.
자주 가는 식당에서 사장님이 ( )을/를 많이 주세요.

① 상품 ② 색깔 ③ 서비스 ④ 사이즈

8. 다음 밑줄 친 단어와 비슷한 의미의 단어를 고르세요.

(1)
그 단어를 배운 지 너무 오래돼서 <u>기억나지</u> 않아요.

① 생기다 ② 생각나다 ③ 받아쓰다 ④ 바라보다

(2)
백화점에서 파는 <u>상품</u>들은 가격이 비싼 편이에요.

① 물건 ② 색깔 ③ 사업 ④ 사장

9. ( ) 안에 알맞은 단어를 고르세요.

(1)

> 휴대폰이 고장 나서 ( ) 샀어요.

① 멀리   ② 서로   ③ 새로   ④ 무척

(2)

> 사람들은 ( ) 도우면서 같이 살아야 해요.

① 새로   ② 벌써   ③ 미리   ④ 서로

(3)

> 직장을 그만두고 ( ) 인생을 시작하려고 해요.

① 붉게   ② 새롭게   ③ 부럽게   ④ 부끄럽게

(4)

> 일찍 ( ) 않으면 기차를 놓칠지도 몰라요.

① 빠지지   ② 생기지   ③ 서두르지   ④ 생각나지

(5)

> 이곳에 병원이 ( ) 할머니, 할아버지가 사시기 편할 것 같아요.

① 생기면   ② 붙이면   ③ 버리면   ④ 바르면

10. ( ) 안에 알맞은 단어를 보기 에서 고르세요.

> 보기   새   사실   사업   서류   상처   새해   삼거리

(1) 대학에 입학하기 위해 필요한 ( )을/를 준비하고 있어요.

(2) 어머니는 다친 ( )에 약을 발라 주셨어요.

(3) 이 이야기는 제가 알고 있는 ( )와/과 다른 것 같아요.

(4) 설날에 아이들은 ( ) 옷을 입어요.

(5) ( ) 복 많이 받으세요.

쓰면서 외워 봅시다. 외운 단어에는 ◯ 해 보세요.

번호	한국어	의미	연습하기
1	서쪽 명		
2	섞다 동		
3	선배 명		
4	선선하다 형		
5	선수 명		
6	선택 명		
7	선풍기 명		
8	설거지 명		
9	설날 명		
10	설탕 명		
11	섬 명		
12	섭섭하다 형		
13	성 명		
14	성격 명		
15	성공 명		
16	성적 명		
17	성함 명		
18	세계 명		
19	세다 형		
20	세배 명		
21	세상 명		
22	세우다 동		
23	세탁 명		
24	세탁기 명		
25	세탁소 명		
26	소리 명		
27	소설 명		
28	소식 명		
29	소중하다 형		
30	소파 명		

1. 그림에 알맞은 단어를 연결하세요.

(1)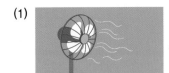

· ① 소파

(2)

· ② 선풍기

2. 그림을 보고 □에 알맞은 글자를 쓰세요.

(1)

세 □ □

(2)

세 □ □

3. 그림을 보고 알맞은 단어에 ✓ 하세요.

(1)

소금 □

설탕 □

(2)

서쪽 □

동쪽 □

4. 그림과 관계있는 문장을 연결하세요.

(1)

• ① 제주도는 섬이에요.

(2)

• ② 어른들께 세배를 드려요.

(3)

• ③ 축구 선수가 되고 싶어요.

5. 그림을 보고 대화를 완성하세요.

(1)

가: 민수 씨, 지금 뭐 해요?

나: _____.

(2)

가: 손님, 어디에서 내리세요?

나: 여기 횡단보도에서 차를 _____.

(3)

가: 내일이 무슨 날이에요?

나: _____.

6. 다음 단어 중에서 보기 단어와 관계가 <u>없는</u> 것을 고르세요.

(1)

> 보기   하다

① 청소   ② 세탁   ③ 설거지   ④ 선풍기

(2)

> 보기   1월 1일

① 선배   ② 세배   ③ 설날   ④ 떡국

7. (   ) 안에 공통적으로 들어갈 단어를 고르세요.

(1)

> 여행 계획을 (   ) 친구들과 만났어요.
> 기사님, 저기 삼거리에서 오른쪽으로 돌아서 (   ) 주세요.

① 생기다   ② 세우다   ③ 서두르다   ④ 바라보다

(2)

> 나는 너를 믿는데, 네가 나를 믿지 못하니까 (   ) 마음이 들어.
> 내일 고향에 가는 날인데 한국을 떠나는 게 너무 (   ).

① 섭섭하다   ② 소중하다   ③ 선선하다   ④ 불쌍하다

8. 다음 밑줄 친 단어와 반대되는 의미의 단어를 고르세요.

(1)

> 저는 <u>실패</u>가 무섭지 않아요. 그래서 항상 새로운 것에 도전해요.

① 선택   ② 성공   ③ 성적   ④ 성격

(2)

> 제 동생은 힘이 <u>약해서</u> 무거운 물건은 못 들어요.

① 세다   ② 밝다   ③ 크다   ④ 높다

9. ( ) 안에 알맞은 단어를 고르세요.

(1)

> 커피에 우유를 ( ) 먹으니까 쓰지 않고 맛있어요.

① 빨아서　　　　② 섞어서　　　　③ 생겨서　　　　④ 닦아서

(2)

> 가을이 되니까 ( ) 바람이 불어서 시원해요.

① 선선한　　　　② 섭섭한　　　　③ 소중한　　　　④ 새로운

(3)

> 부모에게 가장 ( ) 것은 바로 자식들이에요.

① 선선한　　　　② 섭섭한　　　　③ 소중한　　　　④ 새로운

(4)

> 저는 ( )에서 엄마하고 아빠가 제일 좋아요.

① 새벽　　　　② 세배　　　　③ 세상　　　　④ 세계

10. ( ) 안에 알맞은 단어를 보기 에서 골라 문장을 완성하세요.

> 보기　　　선배　선택　성적　소식　소리　선수　성격　성함　소설

(1) 이번에 시험을 잘 못 봐서 ( )이/가 별로 좋지 않았습니다. 아마도 꼼꼼하지 못한 저의 ( ) 때문인 것 같습니다. 너무 속상해서 ( )에게 어떻게 공부해야 하는지 물어봤습니다.

(2) 우리 교수님은 유명한 소설가이십니다. ( )이/가 김민수이십니다. 이번에 새로 나온 ( )이/가 서점에서 베스트셀러가 되었다고 합니다. 이 ( )을/를 듣고 서점에 가서 책을 샀습니다. 그런데 생각보다 너무 재미가 없어서 책을 산 저의 ( )을/를 후회했습니다.

결과 　　◯ 24개 이상 ▲　　◯ 23개 이하 ▼

이렇게 하세요.　　연습 2로 응이!　　다시 한번 암기~!

쓰면서 외워 봅시다. 외운 단어에는 ◯ 해 보세요.

번호	한국어	의미	연습하기
1	소포 명		
2	소풍 명		
3	소화제 명		
4	속 명		
5	속도 명		
6	속옷 명		
7	손가락 명		
8	손바닥 명		
9	손수건 명		
10	송편 명		
11	수 명		
12	수건 명		
13	수고 명		
14	수술 명		
15	수영복 명		
16	수저 명		
17	순서 명		
18	숟가락 명		
19	술집 명		
20	숫자 명		
21	쉬다¹ 동		
22	스스로 부, 명		
23	스케이트 명		
24	스키장 명		
25	스트레스 명		
26	스포츠 명		
27	슬퍼하다 동		
28	슬픔 명		
29	습관 명		
30	시간표 명		

연습 2

1. 그림에 알맞은 단어를 연결하세요.

(1)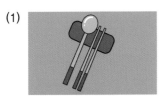

· · ① 수저

(2)

· · ② 숟가락

2. 그림을 보고 □에 알맞은 글자를 쓰세요.

(1)

손 □ □

(2)

손 □ □

(3)

손 □ □

3. 그림을 보고 알맞은 단어에 ✓ 하세요.

(1)

쉬다 □

일하다 □

(2)

기뻐하다 □

슬퍼하다 □

(3)

속옷 □

수영복 □

4. 그림과 관계있는 문장을 연결하세요.

(1)

・

・① 소풍을 갑니다.

(2)

・

・② 스키를 탑니다.

(3)

・

・③ 스케이트를 탑니다.

5. 그림을 보고 대화를 완성하세요.

(1)

가: 무슨 _____?
나: 저는 야구를 좋아해요.

(2)

가: 무슨 _____?
나: 저는 3이 좋아요.

(3)

가: 배가 아프고 속이 답답해요.
　　무슨 약을 먹어야 해요?
나: _____을/를 드세요.

6. 다음 두 단어의 관계가 나머지 셋과 <u>다른</u> 것을 고르세요.

(1)

① 속 – 안   ② 수 – 숫자

③ 속도 – 속력   ④ 속옷 – 겉옷

(2)

① 습관 – 버릇   ② 슬픔 – 기쁨

③ 운동 – 스포츠   ④ 시간표 – 스케줄

2급 36일 차

7. (   ) 안에 공통적으로 들어갈 단어를 고르세요.

(1)

친구의 (   )을/를 모르겠어요.
가방 (   )에 지갑이 없어요.

① 속   ② 수   ③ 마음   ④ 생각

(2)

요즘 일이 많아서 (   )가 많아요.
그동안 (   ) 많이 했어요.

① 수저   ② 수고   ③ 소포   ④ 스트레스

8. (   ) 안에 알맞은 단어를 보기 에서 고르세요.

보기   소포   수건   수술   술집   순서

(1) 세수를 하고 (   )(으)로 얼굴을 닦았어요.

(2) 어제 퇴근한 후 (   )(으)로 갔어요.

(3) (   )을/를 보내려고 우체국에 갔어요.

(4) (   ) 이후 하루 동안 밥을 먹을 수 없어요.

(5) (   )대로 들어와 주세요.

9. 다음을 읽고 내용에 맞는 단어를 보기 에서 고르세요.

보기   송편   습관   시간표   스스로

(1) 추석에 먹는 떡입니다.

이것은 (   )입니다.

(2) 저는 자기 전에 꼭 음악을 듣습니다. 저는 술을 마시면 항상 노래를 부릅니다.

이것은 저의 (   )입니다.

(3) 학교에서는 이것대로 수업을 합니다.

이것은 (   )입니다.

10. 다음 단어 중 보기 의 단어와 관계가 <u>없는</u> 것을 고르세요.

(1)

보기   가다

① 소풍   ② 스키장   ③ 스케이트   ④ 술집

(2)

보기   받다

① 소포   ② 수술   ③ 스포츠   ④ 스트레스

(3)

보기   스포츠

① 수영   ② 소풍   ③ 스키   ④ 스케이트

쓰면서 외워 봅시다. 외운 단어에는 ◯ 해 보세요.

번호	한국어	의미	연습하기
1	시계 명		
2	시골 명		
3	시끄럽다 형		
4	시내 명		
5	시민 명		
6	식다 동		
7	식구 명		
8	식초 명		
9	식탁 명		
10	식품 명		
11	신랑 명		
12	신부 명		
13	신분증 명		
14	신선하다 형		
15	신청 명		
16	신호등 명		
17	신혼 명		
18	신혼여행 명		
19	실수 명		
20	실패 명		
21	심다 동		
22	심심하다 형		
23	심하다 형		
24	싸다² 동		
25	싸우다 동		
26	쌀 명		
27	쌀쌀하다 형		
28	쌓다 동		
29	썰다 동		
30	쓰다⁴ 동		

연습 2

1. 그림에 알맞은 단어를 연결하세요.

(1)

· · ① 시골

(2)

· · ② 시내

2. 그림을 보고 에 알맞은 글자를 쓰세요.

(1)

식 ☐

(2)

식 ☐

(3)

식 ☐

3. 그림을 보고 알맞은 단어에 ✓ 하세요.

(1)

신랑 ☐
신부 ☐

(2)

실패 ☐
성공 ☐

(3)

시끄럽다 ☐
조용하다 ☐

4. 그림과 관계있는 문장을 연결하세요.

(1) 　　・

　　　　　　　　　　　　　　・ ① 당근을 썹니다.

(2) 　　・

　　　　　　　　　　　　　　・ ② 상자를 쌓습니다.

(3) 　　・

　　　　　　　　　　　　　　・ ③ 모자를 썼습니다.

5. 그림을 보고 대화를 완성하세요.

가: 어떻게 오셨습니까?

나: 저 신용카드를 _____하고 싶은데요.

가: 네, 알겠습니다.

　　그럼 _____을/를 좀 주시겠어요?

나: 여권을 드려도 되겠지요? 여기 있습니다.

가: 네, 잠시만 기다리세요.

　　카드는 일주일 정도 후에 받으실 수 있습니다.

나: 네, 감사합니다.

6. 다음 두 단어의 관계가 나머지 셋과 <u>다른</u> 것을 고르세요.

(1)
① 신랑 – 신부　　　　　② 실패 – 성공
③ 다투다 – 싸우다　　　④ 시끄럽다 – 조용하다

(2)
① 도시 – 시골　　　　　② 싸다 – 풀다
③ 가족 – 식구　　　　　④ 신청 – 취소

7. 다음 단어 중에서 나머지 셋과 관계가 <u>없는</u> 것을 골라 ○ 하세요.

(1)
신랑　　　신부　　　신청　　　신혼여행

(2)
식구　　　식초　　　쌀　　　식품

8. (　　　) 안에 알맞은 단어를 보기 에서 골라 문장을 완성하세요.

보기　　심하다　　시끄럽다　　신선하다　　심심하다　　쌀쌀하다

(1) 옆집이 너무 (　　　　　　) 이사를 가려고 해요.
(2) 연휴에 계속 집에만 있어서 너무 (　　　　　).
(3) 겨울이 돼서 날씨가 너무 (　　　　　).
(4) 감기가 너무 (　　　　　) 학교에 갈 수 없어요.
(5) 이 생선들은 오늘 잡아서 (　　　　　).

9. ( ) 안에 공통적으로 들어갈 단어를 고르세요.

(1)

> 내일 이사를 가서 짐을 ( ).
> 옷이 ( ) 많이 샀어요.

① 식다   ② 심다   ③ 싸다   ④ 쓰다

(2)

> 눈이 나빠서 안경을 ( ).
> 약이 너무 ( ) 약을 먹은 후에 사탕을 먹었어요.

① 식다   ② 심다   ③ 싸다   ④ 쓰다

(3)

> 국이 ( ) 다시 따뜻하게 데웠어요.
> 그렇게 뜨거웠던 사랑도 언젠가는 ( ).

① 식다   ② 심다   ③ 싸다   ④ 쓰다

10. ( ) 안에 알맞은 단어를 보기 에서 고르세요.

> 보기   신혼   실수   시민   시계   쌀

(1) 생일 선물로 시간을 잘 지키라는 뜻으로 ( )을/를 준비했어요.

(2) 저는 아직 결혼한 지 1년도 안 된 ( )예요/이에요.

(3) 요즘 ( )(으)로 만든 과자가 인기가 많아요.

(4) 서울시는 ( )들의 안전을 위해 노력하고 있습니다.

(5) 처음 아르바이트를 할 때 ( )이/가 많았어요.

쓰면서 외워 봅시다. 외운 단어에는 ◯ 해 보세요.

번호	한국어	의미	연습하기
1	쓰레기 명		
2	쓰레기통 명		
3	씹다 동		
4	아가씨 명		
5	아까 부, 명		
6	아래쪽 명		
7	아마 부		
8	아무 대, 관		
9	아무것 명		
10	아무리 부		
11	악기 명		
12	안내² 명		
13	안내문 명		
14	안다 동		
15	안되다 동		
16	안전 명		
17	안쪽 명		
18	알맞다 형		
19	알아보다 동		
20	앞쪽 명		
21	앨범 명		
22	야채 명		
23	약간 부, 명		
24	약하다 형		
25	얇다 형		
26	양말 명		
27	양복 명		
28	양치질 명		
29	얘기 명		
30	어깨 명		

연습 2

1. 그림에 알맞은 단어를 연결하세요.

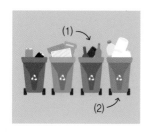

(1) •

(2) •

• ① 쓰레기

• ② 쓰레기통

2. 고양이가 어디를 보고 있나요? 그림을 보고 □에 알맞은 글자를 쓰세요.

(1)

□ 쪽

(2)

□□ 쪽

(3)

□ 쪽

3. 그림을 보고 알맞은 단어에 ✓ 하세요.

(1)

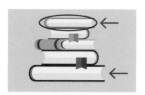

얇다 □
두껍다 □

(2)

고기 □
야채 □

(3)

강하다 □
약하다 □

4. 그림과 관계있는 문장을 연결하세요.

(1) 　　　　　　　　• 　　　• ① 얘기를 합니다.

(2) 　　　　　　　　• 　　　• ② 양치질을 합니다.

(3) 　　　　　　　　• 　　　• ③ 악기를 연주합니다.

5. 그림을 보고 대화를 완성하세요.

(1)

가: ＿＿＿＿＿＿＿이/가 전부 얼마예요?
나: 일곱 개에 오천 원이에요.

(2)

가: ＿＿＿＿＿＿＿ 한 켤레에 얼마예요?
나: 한 켤레에 천원이에요.

(3)

가: ＿＿＿＿＿＿＿ 한 벌에 얼마예요?
나: 한 벌에 십만 원이에요.

6. 다음 중 밑줄 친 말이 어울리면 ○, 어울리지 않으면 ×하세요.

(1) <u>안전한</u> 길로 안내할게요. (   )

(2) 그녀는 힘이 정말 <u>약하네요.</u> (   )

(3) 그 여자는 머리가 정말 <u>얇네요.</u> (   )

(4) 공부가 <u>안되면</u> 쉬었다가 할까요? (   )

7. (   ) 안에 알맞은 단어를 보기 에서 골라 대화를 완성하세요.

보기   아까   아마   아무   약간

가: 민수 씨 자리에 없어요?
나: 네, 일이 있어서 (   ) 나갔는데요.
가: 그래요? 그럼 몇 시쯤 돌아와요?
나: 음, 오늘은 (   ) 안 올 거예요.
   밖에서 일이 끝난 후에 바로 퇴근할 거예요.

8. 다음 밑줄 친 단어와 비슷한 의미의 단어를 고르세요.

(1)
저는 형보다 키가 <u>약간</u> 작아요.

① 아마   ② 아까   ③ 아주   ④ 조금

(2)
오늘은 소풍을 가기에 <u>알맞은</u> 날씨인 것 같아요.

① 씹은   ② 안은   ③ 알아보는   ④ 적당한

9. ( ) 안에 공통적으로 들어갈 단어를 고르세요.

(1)

오늘 배가 아파서 ( )도 먹지 못했어요.
나는 돈을 벌어야 해서 ( )(이)나 다 하려고요.

① 아마   ② 아무   ③ 아무것   ④ 아무리

(2)

나는 ( ) 열심히 공부해도 성적이 좋아지지 않아요.
( ) 기다려도 그 사람은 오지 않을 거예요.

① 아마   ② 아무   ③ 아무것   ④ 아무리

10. 다음 단어 중에서 **보기**의 단어와 관계가 <u>없는</u> 것을 고르세요.

(1)

보기	하다

① 악기   ② 안내   ③ 양치질   ④ 얘기

(2)

보기	얇다

① 노트북   ② 앨범   ③ 책   ④ 힘

(3)

보기	여자

① 소녀   ② 아저씨   ③ 아가씨   ④ 아주머니

(4)

보기	몸

① 발   ② 어깨   ③ 안내   ④ 팔

쓰면서 외워 봅시다. 외운 단어에는 ◯ 해 보세요.

번호	한국어	의미	연습하기
1	어둡다 [형]		
2	어른 [명]		
3	어리다 [형]		
4	어린이 [명]		
5	어울리다 [동]		
6	어젯밤 [명]		
7	언어 [명]		
8	언제나 [부]		
9	얻다 [동]		
10	얼다 [동]		
11	얼음 [명]		
12	엉덩이 [명]		
13	엘리베이터 [명]		
14	여기저기 [명]		
15	여성 [명]		
16	여쭙다 [동]		
17	여행지 [명]		
18	역사 [명]		
19	연결 [명]		
20	연락 [명]		
21	연락처 [명]		
22	연말 [명]		
23	연세 [명]		
24	연예인 [명]		
25	연휴 [명]		
26	열 [명]		
27	열리다 [동]		
28	열흘 [명]		
29	엽서 [명]		
30	영수증 [명]		

39 일차  연습 2

1. 그림에 알맞은 단어를 연결하세요.

(1) •
(2) •

• ① 어린이
• ② 어른

2. 그림을 보고 □에 알맞은 글자를 쓰세요.

(1)

연 □

(2)

연 □

3. 그림을 보고 알맞은 단어에 ✓ 하세요.

(1)

남성 □
여성 □

(2)

엽서 □
우표 □

(3)

어깨 □
엉덩이 □

4. 그림과 관계있는 문장을 연결하세요.

(1)

•   • ① 물이 얼었습니다.

(2)

•   • ② 문이 열렸습니다.

5. 그림을 보고 대화를 완성하세요.

(1)

가: ＿＿＿＿＿＿＿을/를 알려 주시겠습니까?

전화번호나 이메일 모두 괜찮습니다.

나: 네, 그럼 전화번호를 알려 드릴게요.

제 전화번호는 000-0000-0000입니다.

(2)

가: 주문하시겠습니까?

나: 아이스커피 주세요.

＿＿＿＿＿＿＿＿ 많이 넣어 주세요.

가: 계산은 어떻게 하시겠습니까?

나: 카드로 할게요.

가: 네, 카드로 계산했습니다.

여기 카드와 ＿＿＿＿＿＿＿입니다.

잠깐만 기다려 주세요.

6. 다음 단어를 보고 연상되는 단어를 (보기)에서 고르세요.

> (보기)　　　　　언어　　　연말　　　여행지

(1)

> 크리스마스　　　송년회　　　12월 31일

⇒ (　　　　　)

(2)

> 강　　산　　바다

⇒ (　　　　　)

(3)

> 영어　　　중국어　　　한국어

⇒ (　　　　　)

7. 다음 단어 중에서 (보기)의 단어와 관계가 없는 것을 고르세요.

(1)
> (보기)　　　　　　　　연락

① 하다　　　　② 주다　　　　③ 받다　　　　④ 얻다

(2)
> (보기)　　　　　　　　연락처

① 묻다　　　　② 주다　　　　③ 받다　　　　④ 하다

(3)
> (보기)　　　　　　　　열

① 있다　　　　② 나다　　　　③ 열리다　　　　④ 내리다

8. 다음 두 단어의 관계가 나머지 셋과 <u>다른</u> 것을 고르세요.

(1)
① 얼다 – 녹다　　　　　　② 얻다 – 잃다
③ 어둡다 – 밝다　　　　　④ 어리다 – 젊다

(2)
① 어른 – 성인　　　　　　② 언제나 – 늘
③ 열리다 – 닫히다　　　　④ 여기저기 – 이곳저곳

9. (　　　) 안에 알맞은 단어를 보기 에서 골라 문장을 완성하세요.

보기　　　　　　얻다　　　얼다　　　여쭙다　　　어울리다

(1) 어제 모르는 문법이 있어서 선생님께 (　　　　　　).
(2) 그는 주말마다 직장 동료들과 (　　　　　).
(3) 추운 곳에 오래 있어서 몸이 (　　　　).
(4) 저는 보통 책에서 많은 지식을 (　　　　).

10. 다음을 읽고 내용에 맞는 단어를 보기 에서 고르세요.

보기　　역사　　연세　　연결　　열흘　　연예인　　엘리베이터

(1) 높은 건물에 있는데, 건물 위로 올라가거나 내려갈 때 보통 이것을 탑니다.
　　이것은 (　　　　)입니다.

(2) 사람들이 살아온 사회의 변화와 과정을 기록한 것입니다. 이것을 보면 과거를 알 수 있고
　　미래를 더 좋게 바꿀 수 있습니다.
　　이것은 (　　　　)입니다.

(3) '나이'의 높임말입니다. 할아버지의 이것은 일흔 다섯 살이십니다.
　　이것은 (　　　　)입니다.

쓰면서 외워 봅시다. 외운 단어에는 ◯ 해 보세요.

번호	한국어	의미	연습하기
1	영하 명		
2	옆집 명		
3	예매 명		
4	예술 명		
5	예습 명		
6	예약 명		
7	옛 관		
8	옛날 명		
9	오래 부		
10	오래되다 형		
11	오랜만 명		
12	오랫동안 명		
13	오르다 동		
14	온도 명		
15	올리다 동		
16	옳다 형		
17	옷걸이 명		
18	옷장 명		
19	와이셔츠 명		
20	완전히 부		
21	왕 명		
22	왜냐하면 부		
23	외롭다 형		
24	외우다 동		
25	외출 명		
26	요금 명		
27	요리사 명		
28	우선 명		
29	운동복 명		
30	운전사 명		

40 일차 연습 2

쓱쓱 어휘왕

1. 그림에 알맞은 단어를 연결하세요.

(1)

• ① 요리사

(2)

• ② 운전사

2. 그림을 보고 □에 알맞은 글자를 쓰세요.

(1)

옷 □

(2)

옷 □□

3. 그림을 보고 알맞은 단어에 ✓ 하세요.

(1)

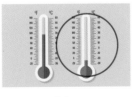

영상 □
영하 □

(2)

오르다 □
내려가다 □

(3)

왕 □
왕비 □

4. 그림과 관계있는 문장을 연결하세요.

(1)

•   • ① 예매를 합니다.

(2)

•   • ② 예약을 합니다.

5. 그림을 보고 대화를 완성하세요.

(1)

가: _____ 여기에 서명부터 해 주세요.
나: 네, 알겠습니다.

(2)

가: _____이에요. 그동안 잘 지냈어요?
나: 반가워요. 잘 지냈어요?
가: 네, 그런데 지난 모임에 왜 안 왔어요?
나: _____ 갑자기 급한 일이 생겼기 때문에
　　갈 수 없었어요.

6. 다음 두 단어의 관계가 나머지 셋과 <u>다른</u> 것을 고르세요.

(1)
① 우선 – 먼저　　　　　　　② 오래 – 잠시
③ 예습 – 복습　　　　　　　④ 오르다 – 내리다

(2)
① 가격 – 요금　　　　　　　② 옛날 – 미래
③ 옆집 – 이웃집　　　　　　④ 체육복 – 운동복

7. 다음 밑줄 친 단어와 비슷한 의미의 단어를 고르세요.

(1)
매일 단어를 30개씩 <u>외우고</u> 있어요.

① 옳다　　　　② 외롭다　　　　③ 올리다　　　　④ 암기하다

(2)
봄이 되어서 <u>기온</u>이 올랐어요.

① 영상　　　　② 영하　　　　③ 온도　　　　④ 날씨

8. (　　　) 안에 알맞은 단어를 　보기　에서 고르세요.

　보기　　　　　　　옛　　　우선　　　완전히　　　오랫동안

(1) 모든 일이 (　　　　) 끝났으니까 이제 편하게 쉬세요.
(2) 어렸을 때 좋아했던 노래를 들으니까 (　　　　) 생각이 났어요.
(3) 배가 고플 테니까 (　　　　) 이것부터 먹어요.

9. 다음 단어를 보고 연상되는 단어를 보기 에서 고르세요.

보기   직업   예매   예약   예술   외출   온도

(1)

영하   영상   오르다

⇒ (   )

(2)

운전사   요리사   예술가

⇒ (   )

(3)

호텔   식당   병원

⇒ (   )

(4)

입장권   기차표   비행기표

⇒ (   )

10. (   ) 안에 알맞은 단어를 보기 에서 골라 문장을 완성하세요.

보기   오래되다   오랜만   완전히   왜냐하면

저는 한국어 공부를 안 한 지 (   ). (   ) 학교를 졸업한 후에 일을
하느라고 너무 바빴기 때문입니다. 그래서 한국어를 (   ) 잊어버렸습니다.
(   )에 한국 친구를 만났는데 한국어로 대화하기가 힘들었습니다. 앞으로 시간
이 있으면 한국어를 다시 공부하려고 합니다.

쓰면서 외워 봅시다. 외운 단어에는 ◯ 해 보세요.

번호	한국어	의미	연습하기
1	울음 [명]		
2	움직이다 [동]		
3	웃음 [명]		
4	원하다 [동]		
5	월급 [명]		
6	위쪽 [명]		
7	위치 [명]		
8	위험 [명]		
9	유리 [명]		
10	유치원 [명]		
11	유학 [명]		
12	유학생 [명]		
13	유행 [명]		
14	육교 [명]		
15	윷놀이 [명]		
16	음료 [명]		
17	음식점 [명]		
18	음악가 [명]		
19	의미 [명]		
20	이² [명]		
21	이거 [대]		
22	이곳 [대]		
23	이기다 [동]		
24	이날 [명]		
25	이때 [명]		
26	이렇다 [형]		
27	이르다 [형]		
28	이마 [부]		
29	이미 [부]		
30	이분 [대]		

1. 그림에 알맞은 단어를 연결하세요.

(1)

•   • ① 울음

(2)

•   • ② 웃음

2. 그림을 보고 ☐에 알맞은 글자를 쓰세요.

(1)

음 ☐

(2)

음 ☐ ☐

(3)

음 ☐ ☐

3. 그림을 보고 알맞은 단어에 ✓ 하세요.

(1)

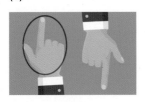

위쪽 ☐

아래쪽 ☐

(2)

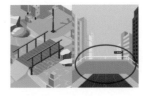

다리 ☐

육교 ☐

(3)

지다 ☐

이기다 ☐

4. 그림과 관계있는 문장을 연결하세요.

(1)  •

• ① 음료수를 마셔요.

(2)  •

• ② 빵을 먹어요.

5. 그림을 보고 대화를 완성하세요.

(1)

가: _____ 뭐예요?
나: 그거 제 앨범이에요.

(2)

가: _____은/는 어디예요?
나: 제가 좋아하는 식당이에요.

(3)

가: _____은/는 누구예요?
나: 제 아내예요.

6. 다음 두 단어의 관계가 나머지 셋과 <u>다른</u> 것을 고르세요.

(1)
① 웃음 – 울음   ② 위치 – 자리
③ 이미 – 아직   ④ 늦다 – 이르다

(2)
① 뜻 – 의미   ② 이 – 치아
③ 지다 – 이기다   ④ 바라다 – 원하다

7. ( ) 안에 공통적으로 들어갈 단어를 고르세요.

(1)
요즘 짧은 치마가 ( ) 있어서 많이 팔려요.
날씨가 추워지면서 감기가 ( ) 있으니까 조심하세요.

① 이기다   ② 원하다   ③ 유행하다   ④ 움직이다

(2)
사람들은 누구나 행복을 ( ).
내일 생일인데 ( ) 것이 있으면 얘기해 주세요.

① 이기다   ② 원하다   ③ 유행하다   ④ 움직이다

8. ( ) 안에 알맞은 단어를 보기 에서 골라 문장을 완성하세요.

보기   아마   이미   이날   이때   이렇다   이르다

(1) 영희는 ( ) 집에 잘 도착해서 자고 있으니까 걱정하지 마세요.
(2) 민수는 언제나 다른 학생들보다 ( ) 시간에 학교에 옵니다.
(3) 민수가 화가 난 이유는 ( ).
그것은 바로 친구들이 모두 민수를 믿지 않았기 때문입니다.
(4) 민수는 ( ) 내일 안 올 거예요.

9. 다음을 읽고 내용에 맞는 단어를 보기 에서 고르세요.

> 보기   유리   월급   육교   윷놀이   유학생   유치원

(1) 명절에 한국 사람들이 즐기는 전통놀이입니다.

이것은 (   )입니다.

(2) 길을 건널 때 이용합니다.

이것은 (   )입니다.

(3) 회사에서 한 달에 한 번씩 줍니다.

이것은 (   )입니다.

(4) 투명하고 잘 깨집니다.

이것은 (   )입니다.

(5) 초등학교에 들어가기 전의 아이들이 다녀요.

이곳은 (   )입니다.

10. 다음 단어 중 보기 의 단어와 관계가 <u>없는</u> 것을 고르세요.

(1)
> 보기   장소

① 위쪽   ② 위치   ③ 이거   ④ 이곳

(2)
> 보기   하다

① 위험   ② 유행   ③ 유학   ④ 웃음

(3)
> 보기   얼굴

① 눈   ② 코   ③ 유행   ④ 이마

쓰면서 외워 봅시다. 외운 단어에는 ○ 해 보세요.

번호	한국어	의미	연습하기
1	이불 명		
2	이사 명		
3	이삿짐 명		
4	이상 명		
5	이용 명		
6	이웃 명		
7	이전 명		
8	이제 부, 명		
9	이틀 명		
10	이해 명		
11	이후 명		
12	익다 동		
13	익숙하다 형		
14	인기 명		
15	인형 명		
16	일기 명		
17	일부 명		
18	일어서다 동		
19	잃다 동		
20	잃어버리다 형		
21	입구 명		
22	입술 명		
23	입원 명		
24	입장권 명		
25	입학 명		
26	잊다 동		
27	잊어버리다 동		
28	잎 명		
29	자기소개 명		
30	자꾸 부		

42 일차 쑥쑥 어휘왕

연습 2

1. 그림에 알맞은 단어를 연결하세요.

(1)

• ① 잎

(2)

• ② 인형

2. 그림을 보고 □에 알맞은 글자를 쓰세요.

(1)

입 □

(2)

입 □

3. 그림을 보고 알맞은 단어에 ✓ 하세요.

(1)

입구 □
출구 □

(2)

이전 □
이후 □

(3)

입학 □
졸업 □

4. 그림과 관계있는 단어를 연결하세요.

(1)

· · ① 잊어버렸어요.

(2)

· · ② 잃어버렸어요.

5. 그림을 보고 대화를 완성하세요.

(1)

가: _____을/를 해 주세요.
나: 제 이름은 미정이에요.

(2)

가: 어서오세요. _____을/를 보여 주세요.
나: 여기 있습니다.

(3)

가: _____은/는 어디에 놓을까요?
나: 저쪽에 놓으세요.

6. 다음 두 단어의 관계가 나머지 셋과 다른 것을 고르세요.

(1)
① 입원 – 퇴원   ② 입구 – 출구
③ 입학 – 졸업   ④ 이제 – 지금

(2)
① 잃다 – 찾다   ② 잊다 – 기억하다
③ 앉다 – 일어서다   ④ 잃다 – 분실하다

7. ( ) 안에 알맞은 단어를 보기 에서 고르세요.

보기   이전   이제   이틀   이용   이웃   이후

(1) ( ) 후에 고향으로 돌아갑니다.

(2) 저는 ( ) 대학생이 되었습니다.

(3) 신제품은 ( ) 제품보다 비싸지만 기능은 좋아졌습니다.

(4) 졸업 ( ) 무엇을 할 겁니까?

8. 밑줄 친 단어와 반대되는 의미의 단어를 고르세요.

(1)
아르바이트를 한 지 오래돼서 이제 익숙해요.

① 편해요   ② 편안해요   ③ 서툴러요   ④ 친해요

(2)
어제 너무 피곤해서 8시간 이상 잤어요.

① 이전   ② 이제   ③ 이하   ④ 이후

(3)
단어를 외웠는데 자꾸 잊어버려서 속상해요.

① 가끔   ② 일부   ③ 종종   ④ 자주

9. 다음 단어 중에서 보기 의 단어와 관계가 <u>없는</u> 것을 고르세요.

(1)

보기	이불

① 익다   ② 빨다   ③ 덮다   ④ 개다

(2)

보기	이삿짐

① 싸다   ② 하다   ③ 옮기다   ④ 보내다

(3)

보기	인기

① 있다   ② 많다   ③ 높다   ④ 넓다

(4)

보기	하다

① 이사   ② 일기   ③ 입원   ④ 이해

10. ( ) 안에 공통적으로 들어갈 단어를 고르세요.

(1)

약속을 깜빡 (   ).
나는 그를 이미 (   ).

① 익다   ② 잃다   ③ 잊다   ④ 일어서다

(2)

요즘 사람들은 물건을 (   ) 찾으려고 하지 않아요.
지갑을 (   ) 다시 샀어요.

① 익숙하다   ② 잃어버리다   ③ 잊어버리다   ④ 일어서다

어휘왕

43 일차

연습 ①

 결과 ○ **24개 이상** ▲ ○ **23개 이하** ▼
이렇게 하세요. 연습 2로 옹! 다시 한번 암기~!

쓰면서 외워 봅시다. 외운 단어에는 ◯ 해 보세요.

번호	한국어	의미	연습하기
1	자동판매기 명		
2	자라다 동		
3	자랑 명		
4	자르다 동		
5	자리 명		
6	자세히 부		
7	자식 명		
8	자신 명		
9	자연 명		
10	자유 명		
11	자판기 명		
12	잔치 명		
13	잘되다 동		
14	잘못되다 동		
15	잘못하다 동		
16	잘생기다 동		
17	잠자다 동		
18	잡다 동		
19	잡지 명		
20	장갑 명		
21	장난감 명		
22	장마 명		
23	재료 명		
24	재미 명		
25	재채기 명		
26	저거 대		
27	저곳 대		
28	저금 명		
29	저렇다 형		
30	저번 명		

1. 그림에 알맞은 단어를 연결하세요.

(1)

· · ① 저거

(2)

· · ② 저곳

2. 그림을 보고 □에 알맞은 글자를 쓰세요.

(1)

장 □

(2)

장 □

(3)

장 □ □

3. 그림을 보고 알맞은 단어에 ✓ 하세요.

(1)

부모 □
자식 □

(2)

잘되다 □
잘못되다 □

(3)

잘생기다 □
못생기다 □

4. 그림과 관계있는 단어를 연결하세요.

(1) 　　　　　　　　　　① 자랑하다

(2) 　　　　　　　　　　② 잔치하다

(3) 　　　　　　　　　　③ 재채기하다

5. 그림을 보고 대화를 완성하세요.

(1)

가: 지금 뭐 해요?

나: _____.

(2)

가: 아이는 지금 뭐 해요?

나: _____.

(3)

가: 미술 시간에 뭐 했어요?

나: _____.

6. 다음 두 단어의 관계가 나머지 셋과 <u>다른</u> 것을 고르세요.

(1)
① 잡다 – 놓다 　　　　　② 잔치 – 파티
③ 잘되다 – 안되다 　　　④ 잘생기다 – 못생기다

(2)
① 자리 – 좌석 　　　　　② 자기 – 자신
③ 자라다 – 성장하다 　　④ 잘하다 – 잘못하다

7. (　　　) 안에 알맞은 단어를 보기 에서 고르세요.

보기 　　　　　　저거 　　　저곳 　　　저번

(1) (　　　　)은/는 우리 교실이에요.
(2) (　　　　)에 간 곳에 또 갈까요?
(3) (　　　　) 내 모자랑 똑같은데.

8. 다음 단어 중에서 보기 단어와 관계가 <u>없는</u> 것을 고르세요.

(1)
보기 　　　　　　　　　　하다

① 자랑 　　② 자유 　　③ 잔치 　　④ 재채기

(2)
보기 　　　　　　　　　　사다

① 잡지 　　② 장갑 　　③ 저금 　　④ 장난감

9. ( ) 안에 공통적으로 들어갈 단어를 고르세요.

(1)

> 저는 아침에 공부가 ( ) 일찍 일어나서 공부해요.
> 걱정하지 마세요. 모두 ( ).

① 잘되다   ② 잘하다   ③ 잘못되다   ④ 잘못하다

(2)

> 친구에게 말을 ( ) 친구가 화가 났어요.
> ( ) 일이 있으면 먼저 사과하세요.

① 잘되다   ② 잘하다   ③ 잘못되다   ④ 잘못하다

10. ( ) 안에 알맞은 단어를 고르세요.

(1)

> 제주도는 ( ) 환경이 아름답습니다.

① 자랑   ② 자리   ③ 자연   ④ 자유

(2)

> ( )에 동전을 넣으면 원하는 물건을 살 수 있습니다.

① 자판기   ② 잡지   ③ 장갑   ④ 장난감

(3)

> 영화관에서 영화를 보는데 ( )가 나왔어요.

① 재료   ② 재미   ③ 장마   ④ 재채기

(4)

> 직원이 휴대폰 사용하는 방법을 ( ) 설명해 줘서 쉽게 이해했어요.

① 갑자기   ② 자세히   ③ 깨끗이   ④ 반드시

(5)

> 비빔밥을 만들 때 필요한 ( )이/가 뭐예요?

① 잡지   ② 자연   ③ 재료   ④ 재미

쓰면서 외워 봅시다. 외운 단어에는 〇 해 보세요.

번호	한국어	의미	연습하기
1	저분 대		
2	저희 대		
3	적다² 형		
4	적당하다 형		
5	전기 명		
6	전부 부, 명		
7	전철 명		
8	전체 명		
9	전하다 동		
10	전혀 부		
11	전화기 명		
12	젊다 형		
13	점수 명		
14	점심시간 명		
15	점점 부		
16	접다 동		
17	접시 명		
18	젓가락 명		
19	정거장 명		
20	정도 명		
21	정리 명		
22	정문 명		
23	정원 명		
24	정하다 동		
25	정확하다 형		
26	젖다 동		
27	제목 명		
28	조금씩 부		
29	조심 명		
30	조용히 부		

44 일차 연습 ②

1. 그림에 알맞은 단어를 연결하세요.

(1)
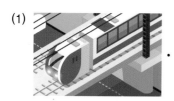

• ① 정거장

(2)

• ② 전철

2. 그림을 보고 □에 알맞은 글자를 쓰세요.

(1)

정 □

(2)

정 □

3. 그림을 보고 알맞은 단어에 ✓ 하세요.

(1)

숟가락 □
젓가락 □

(2)

젊다 □
늙다 □

(3)
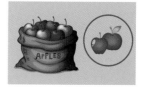

많다 □
적다 □

4. 그림과 관계있는 문장을 연결하세요.

(1)

・

・① 옷을 정리했어요.

(2)
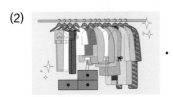
・

・② 옷이 젖었어요.

5. 그림을 보고 문장을 완성하세요.

(1)

길이 미끄러우니까 _____.

(2)

도서관에서는 _____ 해 주세요.

(3)

지금은 _____입니다.
오후 진료는 2시부터입니다.

6. 다음 두 단어의 관계가 나머지 셋과 <u>다른</u> 것을 고르세요.

(1)
① 전부 – 모두	② 적다 – 많다
③ 젊다 – 늙다	④ 젖다 – 마르다

(2)
① 정도 – 쯤	② 조심 – 주의
③ 접다 – 펴다	④ 전하다 – 전달하다

7. 다음 밑줄 친 단어와 비슷한 의미의 단어를 고르세요.

(1)

저에게 <u>적당한</u> 일을 찾고 있어요.

① 작다   ② 쉽다   ③ 알맞다   ④ 정확하다

(2)

민수는 <u>어려</u> 보여요.

① 귀엽다   ② 늙다   ③ 멋있다   ④ 젊다

8. 다음을 읽고 내용에 맞는 단어를 보기 에서 고르세요.

보기	전기	전체	전철	전화기	점수	접시

(1) 시험을 보면 알 수 있습니다. 이것은 (   )입니다.

(2) 친구에게 연락할 수 있습니다. 이것은 (   )입니다.

(3) 다른 곳에 갈 수 있습니다. 이것은 (   )입니다.

(4) 음식을 담아서 먹습니다. 이것은 (   )입니다.

9. ( ) 안에 공통적으로 들어갈 단어를 고르세요.

(1)

> 언제 만날까요? 시간을 (   ).
> 학교에서 학생들이 스스로 규칙을 (   ).

① 접다　　　　② 젖다　　　　③ 전하다　　　　④ 정하다

(2)

> 이 책을 민수에게 좀 (   ) 주시겠어요?
> 가족들에게 기쁜 소식을 (   ).

① 접다　　　　② 젖다　　　　③ 전하다　　　　④ 정하다

10. ( ) 안에 알맞은 단어를 보기 에서 고르세요.

> 보기　　　저희　　　제목　　　전부　　　전혀　　　점점　　　조금씩

(1) 영희는 다이어트를 하느라고 음식을 (   ) 먹어요.

(2) 영희는 책이 너무 재미있어서 하루 동안 그 책을 (   ) 읽었어요.

(3) 민수는 기타를 (   ) 칠 수 없어요.

(4) 겨울이 되니까 해가 (   ) 짧아져서 금방 어두워져요.

(5) 이 영화의 (   )이/가 뭔지 알아요?

(6) 여기가 (   ) 집이에요. 어서 들어오세요.

쏙쏙 어휘왕

45 일차

연습 ❶

 결과   ○ **24개 이상** ▲   ○ **23개 이하** ▼
이렇게 하세요.   연습 2로 용!   다시 한번 암기~!

쓰면서 외워 봅시다. 외운 단어에는 ◯ 해 보세요.

번호	한국어	의미	연습하기
1	졸다 동		
2	좁다 형		
3	종류 명		
4	종이 명		
5	주머니 명		
6	주문 명		
7	주변 명		
8	주사 명		
9	주위 명		
10	주차 명		
11	주차장 명		
12	죽다 동		
13	줄 명		
14	줄다 동		
15	줄이다 동		
16	줍다 동		
17	중간 명		
18	중심 명		
19	중요 명		
20	중학교 명		
21	중학생 명		
22	즐거워하다 동		
23	즐겁다 형		
24	즐기다 동		
25	지각 명		
26	지나가다 동		
27	지난번 명		
28	지다 동		
29	지도 명		
30	지루하다 형		

1. 그림에 알맞은 단어를 연결하세요.

(1)

• ① 중학교

(2)

• ② 중학생

2. 그림을 보고 □에 알맞은 글자를 쓰세요.

(1)

주 □

(2)

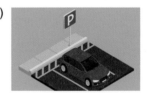

주 □ □

3. 그림을 보고 알맞은 단어에 ✓ 하세요.

(1)

넓다 □

좁다 □

(2)

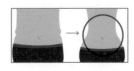

늘다 □

줄다 □

(3)

즐거워하다 □

지루하다 □

4. 그림과 관계있는 문장을 연결하세요.

(1)

 •

 • ① 졸고 있어요.

(2)

 •

 • ② 춥고 있어요.

5. 그림을 보고 대화를 완성하세요.

(1)

가: 다음 주에 만나요.
나: 주말 _____ 보내세요.

(2)

가: _____ 하지 마세요.
나: 네, 늦어서 죄송합니다.

(3)

가: 여기 _____ 하지 마세요.
나: 네, 알겠습니다. 지금 차를 옮길게요.

(4)

가: 한 _____로 서서 잠시만 기다려 주세요.
나: 네, 알겠습니다.

2급
45일 차

6. 다음 두 단어의 관계가 나머지 셋과 <u>다른</u> 것을 고르세요.

(1)

① 좁다 – 넓다 　　　　　② 줄다 – 늘다

③ 지다 – 이기다 　　　　④ 지나가다 – 건너가다

(2)

① 죽다 – 살다 　　　　　② 줄이다 – 늘리다

③ 즐겁다 – 괴롭다 　　　④ 지루하다 – 심심하다

7. ( ) 안에 알맞은 단어를 보기 에서 골라 문장을 완성하세요.

보기 　　　　　졸다 　　줄다 　　줍다 　　지다

(1) 교실에 있는 쓰레기를 ( ) 주세요.

(2) 월급이 ( ) 생활하기가 힘들어요.

(3) 경기에서 ( ) 속상했어요.

(4) 수업시간에 ( ) 마세요.

8. 다음 단어 중에서 나머지 셋과 관계가 <u>없는</u> 것을 골라 ○ 하세요.

(1)

중간 　　지각 　　중학교 　　중학생

(2)

근처 　　주변 　　주위 　　중심

(3)

좁다 　　즐거워하다 　　즐겁다 　　지루하다

9. 다음 ( ) 안에 들어갈 수 <u>없는</u> 것을 고르세요.

(1)

> 집 ( )에 맛있는 식당은 어디예요?

① 근처   ② 주변   ③ 주위   ④ 가운데

(2)

> 제가 키우던 꽃이 ( ).

① 죽었어요   ② 졌어요   ③ 시들었어요   ④ 돌아가셨어요

(3)

> 휴가 동안 몸무게가 ( ).

① 늘었어요   ② 줄었어요   ③ 졸았어요   ④ 줄어들었어요

(4)

> 남자가 주문을 ( ).

① 했어요   ② 주웠어요   ③ 받았어요   ④ 취소했어요

10. 다음을 읽고 내용에 맞는 단어를 보기 에서 고르세요.

> 보기   주문   종류   종이   주머니   중요   지난번   지도

(1) 이것을 보고 길을 찾을 수 있습니다. 위치를 알 수 있습니다.

    이것은 ( )입니다.

(2) 이곳에 그림을 그릴 수 있습니다. 글자를 쓸 수 있습니다.

    이것은 ( )입니다.

(3) 이것은 옷에 있습니다. 이 안에 돈을 넣을 수 있습니다.

    이것은 ( )입니다.

연습 ①

결과 ○ 24개 이상 ▲ ○ 23개 이하 ▼

이렇게 하세요.   연습 2로 옹이!   다시 한번 암기~!

쓰면서 외워 봅시다. 외운 단어에는 ◯ 해 보세요.

번호	한국어	의미	연습하기
1	지르다 동		
2	지방 명		
3	지우다 동		
4	지키다 동		
5	지하 명		
6	지하도 명		
7	직장 명		
8	직접 부		
9	진짜 부, 명		
10	진하다 형		
11	짐 명		
12	집들이 명		
13	집안일 명		
14	짓다 동		
15	짜증 명		
16	짝 명		
17	짧다 형		
18	찌다¹ 동		
19	찌다² 동		
20	차¹ 명		
21	차² 명		
22	차갑다 형		
23	차다¹ 동		
24	차다² 동		
25	차다³ 동		
26	차다⁴ 형		
27	차례 명		
28	착하다 형		
29	찬물 명		
30	참다 동		

연습 2

1. 그림에 알맞은 단어를 연결하세요.

(1)

• · ① 뜨거운 차

(2)

• · ② 차가운 차

2. 그림을 보고 □에 알맞은 글자를 쓰세요.

(1)
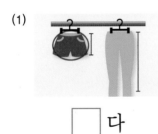
□ 다

(2)

□ 다

3. 그림을 보고 알맞은 단어에 하세요.

(1)

지상 □
지하 □

(2)

집안일 □
집들이 □

(3)

찌다 □
빠지다 □

4. 그림과 관계있는 문장을 연결하세요.

(1)

•

• ① 농사를 지어요.

(2)

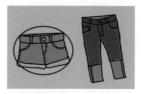

•

• ② 만두를 쪄요.

(3)

•

• ③ 공을 차요.

5. 그림을 보고 문장을 완성하세요.

(1)

직원: _____ 바지로 드릴까요,
긴 바지로 드릴까요?

(2)

직원: _____ 커피요, 뜨거운 커피요?

(3)

직원: _____ 드릴까요, 연하게 드릴까요?

6. ( ) 안에 공통적으로 들어갈 단어를 고르세요.

(1)

> 그 사람은 비싼 시계를 ( ).
> 지하철에 사람이 가득 ( ).

① 하다   ② 차다   ③ 놀다   ④ 참다

(2)

> 운동을 하지 않아서 살이 많이 ( ).
> 어머니께서 옥수수를 ( ) 아이에게 줬어요.

① 빠지다   ② 지르다   ③ 찌다   ④ 착하다

7. ( ) 안에 알맞은 단어를 보기 에서 고르세요.

> 보기   지방   지하도   직접   진짜   짜증   짐   차

(1) 거짓말하지 말고 ( ) 사실을 이야기해 주세요.
(2) 나에게 부탁하지 말고 네가 ( ) 이야기해.
(3) 남편이 집안일을 하지 않아 ( )이/가 났어요.
(4) 맞은편으로 가려면 ( )(으)로 길을 건너세요.
(5) 주말에 여행을 가려고 ( )을/를 쌌습니다.

8. 다음 밑줄 친 단어와 반대되는 의미의 단어를 고르세요.

(1)

> 내일이 시험이라서 <u>진한</u> 커피를 마시고 공부했어요.

① 연한   ② 따뜻한   ③ 차가운   ④ 부드러운

(2)

> 민수는 항상 시계를 <u>차고</u> 다녀요.

① 걸고   ② 신고   ③ 벗고   ④ 붙이고

9. 다음 ( ) 안에 들어갈 수 <u>없는</u> 것을 고르세요.

(1)
> 남편은 ( )을/를 전혀 하지 않아요.

① 청소   ② 설거지   ③ 직장   ④ 집안일

(2)
> 바다에서 물놀이를 했는데 신발 한 ( )을/를 잃어버렸어요.

① 켤레   ② 개   ③ 장   ④ 짝

(3)
> 이번 주말에 짐을 ( ).

① 싸요   ② 풀어요   ③ 옮겨요   ④ 지워요

10. 다음 단어와 관계있는 말을 보기 에서 고르세요.

보기   짓다   지우다   지키다

(1)
> 시간   약속   예의

⇒ ( )

(2)
> 글씨   칠판   지우개

⇒ ( )

(3)
> 집   밥   농사

⇒ ( )

쓰면서 외워 봅시다. 외운 단어에는 ◯ 해 보세요.

번호	한국어	의미	연습하기
1	찾아가다 [동]		
2	채소 [명]		
3	책장 [명]		
4	첫 [관]		
5	첫날 [명]		
6	청년 [명]		
7	청바지 [명]		
8	청소년 [명]		
9	체육관 [명]		
10	쳐다보다 [동]		
11	초^1 [의]		
12	초^2 [의]		
13	초대장 [명]		
14	초등학교 [명]		
15	초등학생 [명]		
16	최고 [명]		
17	최근 [명]		
18	추석 [명]		
19	출구 [명]		
20	출근 [명]		
21	출석 [명]		
22	출입 [명]		
23	출입국 [명]		
24	출장 [명]		
25	출퇴근 [명]		
26	충분하다 [형]		
27	취소 [명]		
28	취직 [명]		
29	치과 [명]		
30	치료 [명]		

1. 그림에 알맞은 단어를 연결하세요.

(1)

• ① 청년

(2)

• ② 청소년

2. 그림을 보고 □에 알맞은 글자를 쓰세요.

(1)

출 □

(2)

출 □

3. 그림을 보고 알맞은 단어에 ✓ 하세요.

(1)

출석 □

결석 □

(2)

입구 □

출구 □

(3)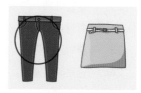

청바지 □

청치마 □

4. 그림과 관계있는 문장을 연결하세요.

(1)

•

• ① 취직했어요.

(2)

•

• ② 출근했어요.

5. 그림을 보고 대화를 완성하세요.

(1)

가: 들어갈 수 없나요?

나: 네, _____ 금지입니다.

　　들어올 수 없습니다.

(2)

가: 시청에 가려면 몇 번 _____(으)로 나가야 해요?

나: 1번 _____(으)로 나가세요.

(3)

가: 길이 많이 막히네요.

나: 네, _____ 시간에는 항상 막혀요.

(4)

가: 시계가 어디 있어요?

나: 시계는 _____ 옆에 걸려 있어요.

6. 다음 두 단어의 관계가 나머지 셋과 <u>다른</u> 것을 고르세요.

(1)

① 최근 – 요즘	② 채소 – 야채
③ 출근 – 퇴근	④ 최고 – 제일

(2)

① 찾아가다 – 방문하다	② 충분하다 – 부족하다
③ 쳐다보다 – 바라보다	④ 취직하다 – 취업하다

7. (   ) 안에 공통적으로 들어갈 단어를 고르세요.

(1)

학교는 2월 (   )에 졸업식이 있습니다.
민수는 몇 (   ) 동안 움직이지 않고 있었습니다.

① 차 　　　　② 초 　　　　③ 최고 　　　　④ 최근

(2)

민수 씨, (   ) 본 영화가 뭐예요?
한국은 (   ) 결혼을 하지 않는 사람이 많아졌습니다.

① 첫날 　　　② 직접 　　　③ 최고 　　　④ 최근

8. (   ) 안에 알맞은 단어를 보기 에서 고르세요.

보기	첫 　　추석 　　최고 　　첫날 　　체육관 　　출입국

(1) 우리 엄마의 음식 솜씨는 (   )예요/이에요.

(2) 오늘은 출근 (   )입니다.

(3) 최근 코로나 때문에 (   ) 절차가 복잡해졌어요.

(4) (   )에서 친구들과 농구를 합니다.

(5) 그 사람과의 (   ) 만남을 잊을 수가 없어요.

9. 다음 단어 중에서 보기 의 단어와 관계가 없는 것을 고르세요.

(1)

보기 하다

① 취소 　　 ② 취직 　　 ③ 치료 　　 ④ 최근

(2)

보기 하다

① 출석 　　 ② 출구 　　 ③ 출입 　　 ④ 출퇴근

10. 다음 단어를 보고 연상되는 단어를 보기 에서 고르세요.

보기 　　병원　　학교　　회사　　초대장

(1)

돌　　집들이　　결혼식

⇒ (　　　　　)

(2)

출퇴근　　출장　　취직

⇒ (　　　　　)

(3)

초등학생　　청소년　　출석

⇒ (　　　　　)

(4)

수술　　치과　　치료

⇒ (　　　　　)

쓰면서 외워 봅시다. 외운 단어에는 ◯ 해 보세요.

번호	한국어	의미	연습하기
1	치약 명		
2	친척 명		
3	침실 명		
4	칫솔 명		
5	칭찬 명		
6	카페 명		
7	칼 명		
8	켜다² 동		
9	켤레 의		
10	콧물 명		
11	크기 명		
12	키우다 동		
13	태극기 명		
14	태도 명		
15	태어나다 동		
16	태풍 명		
17	택배 명		
18	테니스장 명		
19	테이블 명		
20	통장 명		
21	통화 명		
22	퇴원 명		
23	튀기다 동		
24	튀김 명		
25	특별하다² 형		
26	튼튼하다 형		
27	틀다 동		
28	틀리다 동		
29	파랗다 형		
30	팔리다 동		

48 일차 연습 2

1. 그림에 알맞은 단어를 연결하세요.

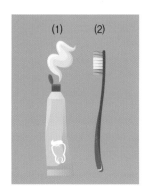

(1) •　　　　　　　• ① 칫솔

(2) •　　　　　　　• ② 치약

2. 그림을 보고 □에 알맞은 글자를 쓰세요.

(1)　　　　　　　(2)　　　　　　　(3)

태 □　　　　　태 □ □　　　　태 □ □ □

3. 그림을 보고 알맞은 단어에 ✓ 하세요.

(1)　　　　　　　(2)　　　　　　　(3)

끄다 □　　　　　눈물 □　　　　　맞다 □

틀다 □　　　　　콧물 □　　　　　틀리다 □

4. 그림과 관계있는 문장을 연결하세요.

(1)

   • ① 라디오를 틀었어요.

(2)

   • ② 답이 틀렸어요.

5. 그림을 보고 대화를 완성하세요.

(1)

가: 어머니는 지금 어디에 계세요?
나: 어머니는 _____에서 책을 읽고 계세요.

(2)

가: 주말에 친구와 뭐 했어요?
나: 분위기가 좋은 _____에서 차를 마시며 이야기
했어요.

(3)

가: 내일 친구와 뭐 할 거예요?
나: _____에서 테니스를 칠 거예요.

(4)

가: 아야!
나: 저런, _____을 쓸 때는 베이지 않게 조심하세요.

6. 다음 밑줄 친 단어와 반대되는 의미의 단어를 고르세요.

(1)

> 답이 <u>틀렸으니까</u> 다시 확인해 주세요.

① 많다　　　　② 맞다　　　　③ 다르다　　　　④ 튀기다

(2)

> 그의 능력은 정말 <u>특별해요</u>. 다른 사람들은 그렇게 할 수 없어요.

① 이상하다　　② 착하다　　③ 튼튼하다　　④ 평범하다

7. 다음 (　　　) 안에 들어갈 수 <u>없는</u> 것을 고르세요.

(1)

> (　　　　) 한 켤레에 얼마예요?

① 구두　　　　② 바지　　　　③ 양말　　　　④ 장갑

(2)

> 저는 (　　　　) 음식을 좋아하지 않아요.

① 볶은　　　　② 찐　　　　③ 팔린　　　　④ 튀긴

8. (　　　) 안에 알맞은 단어를 (보기)에서 골라 문장을 완성하세요.

> (보기)　　파랗다　　특별하다　　튼튼하다　　크기　　태도　　테이블

(1) 하늘이 정말 (　　　　)! 구름이 하나도 없어요.

(2) 아이가 정말 건강하고 (　　　　) 보여요.

(3) 그는 나에게 정말 (　　　　) 사람이에요.

(4) 거실에 (　　　　)와/과 소파가 있어요.

(5) 민수는 수업 (　　　　)이/가 참 좋습니다.

(6) 사과는 (　　　　)에 따라 가격이 달라요.

9. 다음 단어를 보고 연상되는 단어를 보기 에서 고르세요.

> 보기
>
> 보내다   키우다

(1)

> 아이   강아지   꽃

⇒ (   )

(2)

> 편지   이메일   택배

⇒ (   )

10. 다음 단어 중에서 보기 의 단어와 관계가 <u>없는</u> 것을 고르세요.

(1)
> 보기   하다

① 칭찬   ② 통화   ③ 통장   ④ 퇴원

(2)
> 보기   켜다

① 불   ② 택배   ③ 라디오   ④ 바이올린

(3)
> 보기   칭찬

① 듣다   ② 받다   ③ 주다   ④ 하다

(4)
> 보기   콧물

① 나다   ② 흐르다   ③ 흘리다   ④ 키우다

결과 　○ **24개 이상** ▲　○ **23개 이하** ▼

이렇게 하세요。　　연습 2로 웅이!　　다시 한번 암기~!

쓰면서 외워 봅시다. 외운 단어에는 ◯ 해 보세요.

번호	한국어	의미	연습하기
1	펴다 동		
2	편리하다 형		
3	편안하다 형		
4	편찮다 형		
5	편하다 형		
6	평소 명		
7	평일 명		
8	포장 명		
9	푸르다 형		
10	푹 부		
11	풀다 동		
12	풍경 명		
13	피 명		
14	피다 동		
15	하늘 명		
16	하숙비 명		
17	하얗다 형		
18	학기 명		
19	학년 명		
20	학원 명		
21	한글 명		
22	한번 부		
23	한옥 명		
24	한턱 명		
25	할인 명		
26	항공권 명		
27	항상 부		
28	해마다 부		
29	해외 명		
30	햇빛 명		

1. 그림에 알맞은 단어를 연결하세요.

(1)

  •   • ① 하늘

(2)

  •   • ② 햇빛

2. 그림을 보고 □에 알맞은 글자를 쓰세요.

(1)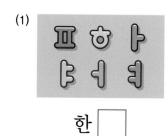

한 ☐

(2)

한 ☐

3. 그림을 보고 알맞은 단어에 ✓ 하세요.

(1)

주말 ☐

평일 ☐

(2)

학교 ☐

학원 ☐

(3)

피다 ☐

지다 ☐

4. 그림과 관계있는 문장을 연결하세요.

(1)

· ① 피어 있어요.

(2)

· ② 펴고 있어요.

5. 그림을 보고 대화를 완성하세요.

(1) 가: 구름이 무슨 색이에요?

나: _____.

(2) 가: 하늘과 산은 무슨 색이에요?

나: _____.

(3)

가: 아기가 뭘 하고 있어요?

나: 아기는 _____ 자세로 엄마에게 안겨 있어요.

6. 다음 두 단어의 관계가 나머지 셋과 <u>다른</u> 것을 고르세요.

(1)
① 피다 – 지다   ② 퍼다 – 접다

③ 편안 – 불안   ④ 평소 – 평상시

(2)
① 항상 – 늘   ② 편리 – 불편

③ 평일 – 휴일   ④ 해외 – 국내

7. (   ) 안에 알맞은 단어를 보기 에서 고르세요.

보기   푹   항상   한번   한턱   해마다

(1) 그는 (   ) 웃는 얼굴이에요.

(2) 그는 (   ) 한 번씩 해외여행을 가요.

(3) 오늘은 아프니까 집에서 (   ) 쉬세요.

(4) 친구가 생일이라서 (   )을/를 냈습니다.

(5) 제가 먼저 (   ) 먹어 보겠습니다.

8. (   ) 안에 공통적으로 들어갈 단어를 고르세요.

(1)
침대가 너무 (   ) 잘 잤어요.

그 사람과 있으면 (   ) 기분이 좋아요.

① 편찮다   ② 편하다   ③ 풀다   ④ 편리하다

(2)
(   )에 주로 무엇을 해요?

그 사람은 (   )에 어떤 성격이에요?

① 주말   ② 평일   ③ 보통   ④ 평소

9. 다음 단어를 보고 연상되는 단어를 보기 에서 고르세요.

> 보기 학교   풍경   항공권

(1)

> 국내   해외   할인

⇒ (   )

(2)

> 학기   학년   방학

⇒ (   )

(3)

> 바다   푸르다   산

⇒ (   )

10. 다음을 읽고 내용에 맞는 단어를 보기 에서 고르세요.

> 보기   피   포장   한글   한옥   하숙비

(1) 세종대왕이 만든 것입니다. 자음과 모음이 있습니다.

이것은 (   )입니다.

(2) 한국의 전통집입니다. 온돌과 마루가 있습니다.

이것은 (   )입니다.

(3) 다치면 상처에서 이것이 흐릅니다. 빨간색입니다.

이것은 (   )입니다.

(4) 남의 집에 머무르기 위해 내는 돈입니다.

이것은 (   )입니다.

쓰면서 외워 봅시다. 외운 단어에는 ◯ 해 보세요.

번호	한국어	의미	연습하기
1	행동 명		
2	행복 명		
3	행사 명		
4	헤어지다 동		
5	현금 명		
6	현재 부, 명		
7	형제 명		
8	호수 명		
9	혹시 부		
10	화나다 동		
11	화내다 동		
12	화려하다 형		
13	화장품 명		
14	환영 명		
15	환자 명		
16	환전 명		
17	회원 명		
18	횡단보도 명		
19	후배 명		
20	훌륭하다 형		
21	훨씬 부		
22	휴게실 명		
23	휴일 명		
24	휴지 명		
25	휴지통 명		
26	흐르다 동		
27	흔들다 동		
28	흘리다 동		
29	희망 명		
30	힘 명		

연습 2

1. 그림에 알맞은 단어를 연결하세요.

   (1)

   ·   · ① 휴지

   (2)

   ·   · ② 휴지통

2. 그림을 보고 □에 알맞은 글자를 쓰세요.

   (1)    (2)    (3)

   환 □   환 □   환 □

3. 그림을 보고 알맞은 단어에 ✓ 하세요.

   (1)

   선배 □
   후배 □

   (2)

   카드 □
   현금 □

4. 그림과 관계있는 문장을 연결하세요.

(1) 　　　•

　　　　　　　•　① 힘내세요.

(2) 　　　•

　　　　　　　•　② 훌륭하네요.

5. 그림을 보고 문장을 완성하세요.

(1)

선수들이 손을 _____ 걸어가고 있네요.

(2)

옷이 아주 _____.

(3)

맛있는 음식을 먹으니까 나도 모르게 눈물이 _____.

(4)

_____ 앞에 차들이 서 있어요.

6. 다음 두 단어의 관계가 나머지 셋과 <u>다른</u> 것을 고르세요.

(1)

① 현재 – 과거 ② 후배 – 선배

③ 의사 – 환자 ④ 훌륭하다 – 뛰어나다

(2)

① 더 – 훨씬 ② 행복 – 불행

③ 만나다 – 헤어지다 ④ 소박하다 – 화려하다

7. ( ) 안에 공통적으로 들어갈 단어를 고르세요.

(1)

어제 6시에 친구를 만나고 10시쯤 ( ).
오랫동안 사귄 사람과 ( ) 됐습니다.

① 사귀다 ② 싸우다 ③ 이별하다 ④ 헤어지다

(2)

너무 ( ) 말고 마음을 편안하게 가지세요.
그 사람이 ( ) 모습을 처음 봤는데 무서웠어요.

① 힘내다 ② 힘나다 ③ 화나다 ④ 화내다

8. ( ) 안에 알맞은 단어를 보기 에서 고르세요.

보기	호수	형제	현재	혹시	훨씬	회원	휴일

(1) ( ) 무슨 일이 생기면 알려 주세요.

(2) 작년보다 올해가 ( ) 춥다고 합니다.

(3) ( ) 저는 한국에 살고 있습니다.

(4) 어제 동호회 ( )들과 환영 파티를 했어요.

(5) 사람들이 ( ) 주변에서 산책을 해요.

(6) 이곳은 평일보다 ( )에 사람이 더 많아요.

9. 다음 단어 중에서 (보기)의 단어와 관계가 <u>없는</u> 것을 고르세요.

(1)

> **보기**　　　　　　　　　　　　　　　　　행사

　① 하다　　　　　② 열다　　　　　③ 풀다　　　　　④ 참여하다

(2)

> **보기**　　　　　　　　　　　　　　　　　행동

　① 하다　　　　　② 느리다　　　　③ 열다　　　　　④ 빠르다

(3)

> **보기**　　　　　　　　　　　　　　　　　힘

　① 나다　　　　　② 세다　　　　　③ 느리다　　　　④ 약하다

10. 다음을 읽고 내용에 맞는 단어를 (보기)에서 고르세요.

> **보기**　　　　　　　　희망　　　화장품　　　휴게실

(1) 보통 예쁘게 하기 위해서 사용합니다. 여러 가지 색깔이 있습니다.

　이것은 (　　　　　)입니다.

(2) 여기에서는 쉴 수 있습니다. 회사나 백화점에 있습니다.

　이곳은 (　　　　　)입니다.

(3) 사람들은 누구나 마음에 이것을 가지고 있습니다. 이것이 있으면 힘이 나고 할 수 있다는
자신감이 생깁니다.

　이것은 (　　　　　)입니다.

정답

TOPIK I

쏙쏙 정답

1
일차

1. (1) ① (2) ②

2. (1) 가방 (2) 가구 (3) 가족

3. (1) 세 개 (2) 가을 (3) 가볍다

4. (1) ② (2) ③ (3) ①

5. (1) 같아요 (2) 가까워요 (3) 갈아타면

6. (1) 것 (2) 거기 (3) 개

7. (1) 건물 (2) 감기 (3) 가요 (4) 건강 (5) 감사

8. (1) ③ (2) ③ (3) ④

9. (1) ③ (2) ① (3) ④

10. (1) ③ (2) ① (3) ③ (4) ②

2
일차

1. (1) ② (2) ①

2. (1) 공원 (2) 공책 (3) 공항

3. (1) 과일 (2) 교통 (3) 국적

4. (1) ④ (2) ① (3) ② (4) ③

5. (1) 겨울을 좋아해요 (2) 다섯 권 있어요
　(3) 공책이에요

6. (1) 곳 (2) 고기 (3) 권 (4) 귀

7. (1) 구경 (2) 과일 (3) 공항

8. (1) ① (2) ② (3) ③

9. (1) ② (2) ② (3) ③

10. (1) ④ (2) ② (3) ③

3
일차

1. (1) ② (2) ①

2. (1) 그림 (2) 그릇

3. (1) 길다 (2) 슬프다

4. (1) ② (2) ③ (3) ①

5. (1) 그림을 그려요 (2) 깨끗해요
　(3) 기숙사에서 살아요 (4) 기분이 안 좋아요

6. (1) 그러면 (2) 근처 (3) 기간 (4) 꺼 (4) 글

7. (1) 그리고 (2) 그럼 (3) 그렇지만

8. (1) ② (2) ① (3) ①

9. (1) ④ (2) ① (3) ② (4) ②

10. (1) ① (2) ② (3) ③ (4) ①

4
일차

1. (1) ① (2) ②

2. (1) 나라 (2) 나무 (3) 날짜 (4) 날씨

3. (1) 여자 (2) 높다 (3) 누나

4. (1) ② (2) ③ (3) ①

5. (1) 산이 높아요 (2) 농구를 해요
　(3) 노래를 해요 (4) 운동장이 넓어요

6. (1) 날 (2) 내 (3) 넣어서 (4) 누구 (5) 낮

7. (1) 나라 (2) 날씨 (3) 날짜 (4) 내일

8. (1) ② (2) ③

9. (1) ③ (2) ③ (3) ④

10. (1) ② (2) ① (3) ② (4) ③

5
일차

1. (1) ② (2) ①

2. (1) 대사관 (2) 대학생 (3) 대학교

3. (1) 달다 (2) 다리 (3) 열다

4. (1) ② (2) ①

5. (1) 날씨가 더워요 (2) 눈이 내려요
　(3) 나라가 달라요 (4) 담배를 피워도

6. (1) 다 (2) 다시 (3) 달

7. (1) 단어 (2) 대사관 (3) 대화 (4) 뉴스

8. (1) ④ (2) ② (3) ③

9. (1) ③ (2) ② (3) ④ (4) ③

10. (1) ② (2) ③ (3) ②

6일차

1. (1) ② (2) ①

2. (1) 마리 (2) 마음

3. (1) 뒤 (2) 맛없다 (3) 딸

4. (1) ③ (2) ① (3) ②

5. (1) 친구를 만났어요 (2) 음악을 들어요
(3) 날씨가 맑아요 (4) 음식이 맛있어요

6. (1) 만드시는 (2) 말씀 (3) 말고

7. (1) 등산 (2) 마음 (3) 드라마

8. (1) ③ (2) ④

9. (1) 들어요, 든 (2) 되고 싶습니다, 되어/되자

10. (1) ② (2) ① (3) ③ (4) ③ (5) ④

7일차

1. (1) ① (2) ②

2. (1) 머리 (2) 목 (3) 몸

3. (1) 모레 (2) 맵다 (3) 물건

4. (1) ② (2) ①

5. (1) 가방이 무거워요 (2) 매워요 (3) 멋있어요
(4) 멀어요

6. (1) 며칠 (2) 무슨 (3) 물어야

7. (1) 모자 (2) 문화 (3) 물건

8. (1) ③ (2) ①

9. (1) ③ (2) ③

10. (1) ② (2) ① (3) ② (4) ① (5) ③

8일차

1. (1) ② (2) ①

2. (1) 바지 (2) 바다 (3) 바람

3. (1) 밖 (2) 발 (3) 밑

4. (1) ② (2) ③ (3) ①

5. (1) 반갑습니다 (2) 바람이 많이 불어요
(3) 바빠요 (4) 버스를 타고 와요

6. (1) 밖 (2) 방 (3) 번

7. (1) 별로 (2) 바로

8. (1) ② (2) ② (3) ①

9. (1) ① (2) ①

10. (1) ② (2) ① (3) ③ (4) ④

9일차

1. (1) ① (2) ②

2. (1) 사람 (2) 사랑 (3) 사무실

3. (1) 불 (2) 불다 (3) 봄

4. (1) ② (2) ①

5. (1) 노래를 불렀어요 (2) 불이 났어요
(3) 편지/택배를 보내러 (4) 가격이 비싸서

6. (1) ④ (2) ③

7. (1) 사이 (2) 부탁 (3) 사용

8. (1) 분 (2) 병 (3) 불

9. (1) ② (2) ③ (3) ④

10. (1) ③ (2) ① (3) ④ (4) ②

10일차

1. (1) ② (2) ①

2. (1) 수영 (2) 수업 (3) 수첩

3. (1) 생신 (2) 손

4. (1) ① (2) ②

5. (1) 사진을 찍어요 (2) 서른 살이에요
(3) 쉬웠어요 (4) 쇼핑을 했어요

6. (1) ③ (2) ④

7. (1) 생활 (2) 생일 (3) 생각

8. (1) ② (2) ④

9. (1) ① (2) ④ (3) ② (4) ③

10. (1) ③ (2) ① (3) ①

1. (1) ② (2) ①

2. (1) 신발 (2) 신문

3. (1) 슬프다 (2) 시원하다 (3) 시다

4. (1) ② (2) ① (3) ③

5. (1) 실례지만 (2) 시작 (3) 쓴데

6. (1) ③ (2) ①

7. (1) 싱거우면 (2) 써서

8. (1) ④ (2) ③

9. (1) ④ (2) ② (3) ③

10. (1) 시장 (2) 시청 (3) 시험 (4) 신문 (5) 스키

1. (1) ② (2) ①

2. (1) 약국 (2) 약속

3. (1) 아내 (2) 아침 (3) 아이

4. (1) ② (2) ①

5. (1) 알려 주세요 (2) 앉으세요
(3) 아파트에 살아요 (4) 야구를 해요

6. (1) 아직 (2) 약 (3) 안 (4) 안녕히 (5) 아주

7. (1) ④ (2) ③

8. (1) ③ (2) ②

9. (1) ③ (2) ③ (3) ②

10. (1) 약 (2) 안경 (3) 아이스크림 (4) 아르바이트

1. (1) ① (2) ②

2. (1) 여권 (2) 여자

3. (1) 얼굴 (2) 여름 (3) 영어

4. (1) ② (2) ①

5. (1) 여러분 (2) 어서 (3) 열심히 (4) 연습
(5) 에어컨

6. (1) 여기 (2) 어디 (3) 언제 (4) 얼마 (5) 얼마나

7. (1) 여자 (2) 언제 (3) 연극

8. (1) ④ (2) ③

9. (1) ③ (2) ③ (3) ④

10. (1) 있어요 (2) 어때요 (3) 어려워서 (4) 없어서

1. (1) ① (2) ②

2. (1) 우표 (2) 우유 (3) 우산

3. (1) 오른쪽 (2) 오전

4. (1) ② (2) ③ (3) ①

5. (1) 운동화를 받았어요 (2) 올라가는 (3) 우산

6. (1) 외국어 (2) 외국인 (3) 외국

7. (1) 영화관 (2) 영화배우 (3) 영화

8. (1) 운동 (2) 운동장 (3) 운동화

9. (1) 오빠 (2) 영화 (3) 외국인 (4) 왜 (5) 요일

10. (1) ③ (2) ③ (3) ④ (4) ③

1. (1) ① (2) ②

2. (1) 의사 (2) 의자

3. (1) 월 (2) 울다 (3) 음료수

4. (1) ① (2) ③ (3) ②

5. (1) 침대에서 일어나요 (2) 책을 읽어요
(3) 인터넷을 해요

6. (1) ④ (2) ④

7. (1) 이 (2) 이것 (3) 이쪽 (4) 이번

8. (1) ③ (2) ②

9. (1) 원 (2) 음악

10. (1) ② (2) ④ (3) ③

16 일차

1. (1) ② (2) ①
2. (1) 자동차 (2) 자전거
3. (1) 있다 (2) 작다 (3) 입다
4. (1) ③ (2) ② (3) ①
5. (1) 잠시 (2) 재미있었어요 (3) 저
6. (1) ③ (2) ①
7. (1) 저 (2) 저것
8. (1) ② (2) ④
9. (1) ③ (2) ③
10. (1) ③ (2) ① (3) ② (4) ④ (5) ③

17 일차

1. (1) ③ (2) ② (3) ①
2. (1) 주부 (2) 주소
3. (1) 좋다 (2) 시끄럽다 (3) 주다
4. (1) ② (2) ①
5. (1) 주말 (2) 중 (3) 주무세요 (4) 조용해요
6. (1) ③ (2) ②
7. (1) ② (2) ③ (3) ①
8. 주로, 제일, 조금, 지금, 정말
9. (1) ③ (2) ④ (3) ②
10. (1) 정류장 (2) 식당 (3) 달력

18 일차

1. (1) ③ (2) ① (3) ④ (4) ②
2. (1) 축구 (2) 축하
3. (1) 기차 (2) 춥다 (3) 치마
4. (1) ② (2) ①
5. (1) 처음 (2) 층, 층 (3) 질문 (4) 지냈어요
6. (1) ③ (2) ②
7. (1) ④ (2) ④ (3) ①

8. (1) ④ (2) ②
9. (1) ② (2) ①
10. (1) 책 (2) 지우개 (3) 창문

19 일차

1. (1) ③ (2) ① (3) ④ (4) ②
2. (1) 카드 (2) 카메라
3. (1) 귀 (2) 팔
4. (1) ② (2) ①
5. (1) 편의점 (2) 터미널 (3) 콘서트
6. (1) 카드 (2) 커피 (3) 컴퓨터 (4) 콘서트
    (5) 택시 (6) 터미널 (7) 테니스 (8) 텔레비전
    (9) 티셔츠 (10) 파티
7. (1) ③ (2) ④ (3) ④ (4) ① (5) ①
8. (1) 특히 (2) 특별한 (3) 친한 (4) 친절하세요
9. ④
10. (1) ④ (2) ② (3) ④

20 일차

1. (1) ② (2) ①
2. (1) 학생 (2) 학교
3. (1) 할머니 (2) 함께 (3) 흐리다
4. (1) ② (2) ③ (3) ①
5. (1) 한복 (2) 휴가 (3) 호텔
6. (1) ①
7. (1) 표 (2) 필통 (3) 학생증
8. (1) ④ (2) ① (3) ②
9. (1) ④ (2) ③
10. (1) 가족 (2) 날씨 (3) 학생 (4) 휴가

21
일차

1. (1) ② (2) ①
2. (1) 거울 (2) 거리
3. (1) 가슴 (2) 감다
4. (1) ② (2) ③ (3) ①
5. (1) 머리를 감아요 (2) 간단해요
　　(3) 건너가고 있어요
6. (1) ② (2) ③
7. (1) 거의 (2) 갑자기
8. (1) ② (2) ③
9. (1) ② (2) ①
10. (1) ② (2) ① (3) ③ (4) ② (5) ①

22
일차

1. (1) ② (2) ①
2. (1) 계단 (2) 계산
3. (1) 겉 (2) 게으르다
4. (1) ② (2) ①
5. (1) 고속버스를 타고 가요 (2) 결혼한
　　(3) 결석했어요 (4) 휴대폰이 고장났어요
6. (1) ② (2) ③
7. (1) ① (2) ②
8. (1) ② (2) ②
9. (1) ③ (2) ② (3) ④
10. (1) ① (2) ② (3) ① (4) ①

23
일차

1. (1) ② (2) ①
2. (1) 관광객 (2) 관광지
3. (1) 굵다 (2) 국
4. (1) ③ (2) ② (3) ①

5. (1) 교통사고가 나서 (2) 교환하러
　　(3) 음료수는 공짜예요
6. (1) ③ (2) ④
7. (1) ① (2) ②
8. (1) ② (2) ②
9. (1) ③ (2) ② (3) ③
10. (1) 교육 (2) 관광 (3) 규칙

24
일차

1. (1) ② (2) ①
2. (1) 기자 (2) 기타 (3) 기름
3. (1) 기쁨 (2) 기침
4. (1) ① (2) ③ (3) ②
5. (1) 주차 금지예요 (2) 제 취미는 기타 연주예요
　　(3) 지금은 비가 그쳤어요
6. (1) ② (2) ③
7. (1) ② (2) ③
8. (1) ② (2) ③
9. (1) 그러나 (2) 그대로 (3) 그러므로
10. (1) ③ (2) ① (3) ④ (4) ①

25
일차

1. (1) ① (2) ②
2. (1) 꽃병 (2) 꽃집 (3) 꽃다발
3. (1) 까맣다 (2) 날씬하다
4. (1) ③ (2) ① (3) ②
5. (1) 낚시를 해요 (2) 라면을 끓이고 있어요
　　(3) 꽃다발을 받고 싶어요
6. (1) ① (2) ② (3) ④
7. (1) ③ (2) ②
8. (1) ① (2) ②
9. (1) ② (2) ④ (3) ② (4) ② (5) ①
10. (1) 길이 (2) 나이 (3) 깨끗이 (4) 나흘 (5) 남녀

26 일차

1. (1) ① (2) ②

2. (1) 냄비 (2) 냄새

3. (1) 노랗다 (2) 남성 (3) 노인

4. (1) ② (2) ① (3) ③

5. (1) 넘어졌어요 (2) 놓았어요 (3) 내려가야 해요

6. (1) ③ (2) ①

7. (1) ④ (2) ① (3) ② (4) ③

8. (1) ③ (2) ①

9. (1) ② (2) ③

10. (1) 냄새 (2) 내용 (3) 농담

27 일차

1. (1) ② (2) ①

2. (1) 단추 (2) 단풍

3. (1) 늙다 (2) 다리

4. (1) ② (2) ① (3) ③

5. (1) 더러워요 (2) 댁에 계세요
(3) 데이트가 있어요

6. (1) ① (2) ④

7. (1) ② (2) ③

8. (1) ① (2) ②

9. (1) ④ (2) ④ (3) ① (4) ③

10. (1) 다이어트, 데이트, 단풍 (2) 능력, 덕분, 대회

28 일차

1. (1) ① (2) ②

2. (1) 동물 (2) 동전

3. (1) 도시 (2) 동쪽

4. (1) ③ (2) ① (3) ②

5. (1) 동물원에 갔다 왔어요 (2) 독서예요
(3) 똑같이

6. (1) 동네 (2) 똑똑하다

7. (1) ③ (2) ③

8. (1) ② (2) ④ (3) ②

9. (1) ④ (2) ③ (3) ④ (4) ③

10. (1) 동네, 동물원, 동물 (2) 디자인, 동시, 도움

29 일차

1. (1) ② (2) ①

2. (1) 매년 (2) 매달 (3) 매주

3. (1) 멀리 (2) 매다

4. (1) ② (2) ① (3) ③

5. (1) 뜨거워요 (2) 라디오를 들어요
(3) 차가 막혀서요

6. (1) ④ (2) ③

7. (1) ② (2) ①

8. (1) ② (2) ④

9. (1) ④ (2) ② (3) ③

10. (1) ② (2) ④ (3) ① (4) ②

30 일차

1. (1) ② (2) ①

2. (1) 목도리 (2) 목걸이 (3) 목소리

3. (1) 메모 (2) 무릎

4. (1) ② (2) ③ (3) ①

5. (1) 가방을 메고 (2) 목걸이를 받았어요
(3) 목도리를 하고

6. (1) ③ (2) ④

7. (1) ② (2) ③

8. (1) ② (2) ④

9. (1) ② (2) ③ (3) ② (4) ②

10. (1) 모임 (2) 목적 (3) 무게 (4) 물론 (5) 명절
(6) 모습

1. (1) ① (2) ②

2. (1) 반지 (2) 반찬

3. (1) 바닥 (2) 발가락

4. (1) ② (2) ③ (3) ①

5. (1) 반바지를 입었어요

(2) 바이올린을 켤 줄 알아요 (3) 바르세요

6. (1) ① (2) ④

7. (1) ③ (2) ②

8. (1) ④ (2) ④

9. (1) ④ (2) ③ (3) ① (4) ④ (5) ③

10. (1) 미리 (2) 방금 (3) 반드시

1. (1) ② (2) ①

2. (1) 배달 (2) 배탈

3. (1) 벗다 (2) 벌

4. (1) ① (2) ② (3) ③

5. (1) 산이 보여요 (2) 봉투에 넣어요

(3) 배가 불러요

6. (1) ① (2) ④

7. (1) ② (2) ③

8. (1) ② (2) ②

9. (1) ② (2) ③ (3) ② (4) ① (5) ②

10. (1) 부드러운 (2) 부끄러워서 (3) 부러워서

(4) 배 (5) 번째

1. (1) ① (2) ②

2. (1) 비밀 (2) 비누 (3) 비디오

3. (1) 부지런하다 (2) 북쪽

4. (1) ③ (2) ① (3) ②

5. (1) 사거리에서 (2) 붙이고 있어요 (3) 빵집에서

6. (1) ② (2) ④

7. (1) ④ (2) ④

8. (1) ③ (2) ①

9. (1) ③ (2) ④ (3) ① (4) ② (5) ④

10. (1) 빨 (2) 빼려고 (3) 뽑아야

1. (1) ② (2) ①

2. (1) 사고 (2) 사탕 (3) 사흘

3. (1) 새벽 (2) 서양

4. (1) ② (2) ③ (3) ①

5. (1) 생선을 좋아해요 (2) 사고가 나서 (3) 서 있는

6. (1) 서양 (2) 서류

7. (1) ② (2) ③

8. (1) ② (2) ①

9. (1) ③ (2) ④ (3) ② (4) ③ (5) ①

10. (1) 서류 (2) 상처 (3) 사실 (4) 새 (5) 새해

1. (1) ② (2) ①

2. (1) 세탁소 (2) 세탁기

3. (1) 설탕 (2) 서쪽

4. (1) ② (2) ③ (3) ①

5. (1) 설거지를 해요 (2) 세워 주세요

(3) 설날이에요

6. (1) ④ (2) ①

7. (1) ② (2) ①

8. (1) ② (2) ①

9. (1) ② (2) ① (3) ③ (4) ③

10. (1) 성적, 성격, 선배 (2) 성함, 소설, 소식, 선택

261

쏙쏙 정답

36 일차

1. (1) ① (2) ②
2. (1) 손가락 (2) 손바닥 (3) 손수건
3. (1) 쉬다 (2) 슬퍼하다 (3) 속옷
4. (1) ① (2) ③ (3) ②
5. (1) 스포츠를 좋아해요 (2) 수를 좋아해요
   (3) 소화제
6. (1) ④ (2) ②
7. (1) ① (2) ②
8. (1) 수건 (2) 술집 (3) 소포 (4) 수술 (5) 순서
9. (1) 송편 (2) 습관 (3) 시간표
10. (1) ③ (2) ③ (3) ②

37 일차

1. (1) ② (2) ①
2. (1) 식구 (2) 식탁 (3) 식초
3. (1) 신부 (2) 성공 (3) 시끄럽다
4. (1) ① (2) ③ (3) ②
5. 신청, 신분증
6. (1) ③ (2) ③
7. (1) 신청 (2) 식구
8. (1) 시끄러워서 (2) 심심해요 (3) 쌀쌀해요
   (4) 심해서 (5) 신선해요
9. (1) ③ (2) ④ (3) ①
10. (1) 시계 (2) 신혼 (3) 쌀 (4) 시민 (5) 실수

38 일차

1. (1) ① (2) ②
2. (1) 안쪽 (2) 아래쪽 (3) 앞쪽
3. (1) 얇다 (2) 야채 (3) 약하다
4. (1) ② (2) ③ (3) ①
5. (1) 야채 (2) 양말 (3) 양복

6. (1) ○ (2) ○ (3) × (4) ○
7. 아까, 아마
8. (1) ④ (2) ④
9. (1) ③ (2) ④
10. (1) ① (2) ④ (3) ② (4) ③

39 일차

1. (1) ② (2) ①
2. (1) 연휴 (2) 연말
3. (1) 여성 (2) 엽서 (3) 엉덩이
4. (1) ② (2) ①
5. (1) 연락처 (2) 얼음, 영수증
6. (1) 연말 (2) 여행지 (3) 언어
7. (1) ④ (2) ④ (3) ③
8. (1) ④ (2) ③
9. (1) 여쭤봤어요 (2) 어울려요 (3) 얼었어요
   (4) 얻어요
10. (1) 엘리베이터 (2) 역사 (3) 연세

40 일차

1. (1) ② (2) ①
2. (1) 옷장 (2) 옷걸이
3. (1) 영하 (2) 오르다 (3) 왕
4. (1) ① (2) ②
5. (1) 우선 (2) 오랜만, 왜냐하면
6. (1) ① (2) ②
7. (1) ④ (2) ③
8. (1) 완전히 (2) 옛 (3) 우선
9. (1) 온도 (2) 직업 (3) 예약 (4) 예매
10. (1) 오래됐습니다, 왜냐하면, 완전히, 오랜만

41일차

1. (1) ② (2) ①

2. (1) 음료 (2) 음식점 (3) 음악가

3. (1) 위쪽 (2) 육교 (3) 이기다

4. (1) ① (2) ②

5. (1) 이거 (2) 이곳 (3) 이분

6. (1) ② (2) ③

7. (1) ③ (2) ②

8. (1) 이미 (2) 이른 (3) 이렇습니다 (4) 아마

9. (1) 윷놀이 (2) 육교 (3) 월급 (4) 유리
　　 (5) 유치원

10. (1) ③ (2) ④ (3) ③

42일차

1. (1) ② (1) ①

2. (1) 입원 (2) 입술

3. (1) 입구 (2) 이전 (3) 입학

4. (1) ① (2) ②

5. (1) 자기소개 (2) 입장권 (3) 이삿짐

6. (1) ④ (2) ④

7. (1) 이틀 (2) 이제 (3) 이전 (4) 이후

8. (1) ③ (2) ③ (3) ①

9. (1) ① (2) ② (3) ④ (4) ②

10. (1) ③ (2) ②

43일차

1. (1) ① (2) ②

2. (1) 장갑 (2) 장마 (3) 장난감

3. (1) 자식 (2) 잘되다 (3) 잘생기다

4. (1) ② (2) ① (3) ③

5. (1) 저금을 하고 있어요 (2) 자고 있어요
　　 (3) 종이를 잘랐어요

6. (1) ② (2) ④

7. (1) 저곳 (2) 저번 (3) 저거

8. (1) ② (2) ③

9. (1) ① (2) ④

10. (1) ③ (2) ① (3) ④ (4) ② (5) ③

44일차

1. (1) ② (2) ①

2. (1) 정문 (2) 정원

3. (1) 젓가락 (2) 젊다 (3) 적다

4. (1) ② (2) ①

5. (1) 조심하세요 (2) 조용히 (3) 점심시간

6. (1) ① (2) ③

7. (1) ③ (2) ④

8. (1) 점수 (2) 전화기 (3) 전철 (4) 접시

9. (1) ④ (2) ③

10. (1) 조금씩 (2) 전부 (3) 전혀 (4) 점점
　　 (5) 제목 (6) 저희

45일차

1. (1) ① (2) ②

2. (1) 주사 (2) 주차장

3. (1) 좁다 (2) 줄다 (3) 즐거워하다

4. (1) ② (2) ①

5. (1) 즐겁게 (2) 지각 (3) 주차 (4) 줄

6. (1) ④ (2) ④

7. (1) 주워 (2) 줄어서 (3) 저서 (4) 졸지

8. (1) 중간 (2) 중심 (3) 좁다

9. (1) ④ (2) ④ (3) ③ (4) ②

10. (1) 지도 (2) 종이 (3) 주머니

263

46 일차

1. (1) ① (2) ②
2. (1) 짧다 (2) 차다
3. (1) 지하 (2) 집들이 (3) 찌다
4. (1) ② (2) ③ (3) ①
5. (1) 짧은 (2) 차가운 (3) 진하게
6. (1) ② (2) ③
7. (1) 진짜 (2) 직접 (3) 짜증 (4) 지하도 (5) 짐
8. (1) ① (2) ③
9. (1) ③ (2) ③ (3) ④
10. (1) 지키다 (2) 지우다 (3) 짓다

47 일차

1. (1) ② (2) ①
2. (1) 출구 (2) 출장
3. (1) 출석 (2) 출구 (3) 청바지
4. (1) ① (2) ②
5. (1) 출입 (2) 출구, 출구 (3) 출근 (4) 책장
6. (1) ③ (2) ②
7. (1) ② (2) ④
8. (1) 최고 (2) 첫날 (3) 출입국 (4) 체육관 (5) 첫
9. (1) ④ (2) ②
10. (1) 초대장 (2) 회사 (3) 학교 (4) 병원

48 일차

1. (1) ② (2) ①
2. (1) 태풍 (2) 태극기 (3) 태어나다
3. (1) 틀다 (2) 콧물 (3) 틀리다
4. (1) ① (2) ②
5. (1) 침실 (2) 카페 (3) 테니스장 (4) 칼
6. (1) ② (2) ④
7. (1) ② (2) ③

8. (1) 파래요 (2) 튼튼해 (3) 특별한 (4) 테이블 (5) 태도 (6) 크기
9. (1) 키우다 (2) 보내다
10. (1) ③ (2) ② (3) ③ (4) ④

49 일차

1. (1) ① (2) ②
2. (1) 한글 (2) 한옥
3. (1) 평일 (2) 학원 (3) 지다
4. (1) ② (2) ①
5. (1) 하얀색이에요 (2) 푸른색이에요 (3) 편안한
6. (1) ④ (2) ①
7. (1) 항상 (2) 해마다 (3) 푹 (4) 한턱 (5) 한번
8. (1) ② (2) ④
9. (1) 항공권 (2) 학교 (3) 풍경
10. (1) 한글 (2) 한옥 (3) 피 (4) 하숙비

50 일차

1. (1) ① (2) ②
2. (1) 환영 (2) 환전 (3) 환자
3. (1) 후배 (2) 현금
4. (1) ① (2) ②
5. (1) 흔들며 (2) 화려해요 (3) 흘렀어요 (4) 횡단보도
6. (1) ④ (2) ①
7. (1) ④ (2) ④
8. (1) 혹시 (2) 훨씬 (3) 현재 (4) 회원 (5) 호수 (6) 휴일
9. (1) ③ (2) ③ (3) ③
10. (1) 화장품 (2) 휴게실 (3) 희망

찾아보기

찾아보기

269

찾아보기

좋은 책을 만드는 길, 독자님과 함께하겠습니다.

쏙쏙 한국어 어휘왕 TOPIK I 초급 단어 사전 문제집

초판3쇄 발행	2025년 01월 10일 (인쇄 2024년 11월 15일)
초 판 발 행	2022년 01월 05일 (인쇄 2021년 09월 10일)
발 행 인	박영일
책 임 편 집	이해욱
공 저	김미정, 변영희
편 집 진 행	구설희
표지디자인	조혜령
본문디자인	박지은, 고현준
발 행 처	(주)시대고시기획
출 판 등 록	제10-1521호
주 소	서울시 마포구 큰우물로 75 [도화동 538 성지 B/D] 9F
전 화	1600-3600
팩 스	02-701-8823
홈 페 이 지	www.sdedu.co.kr

I S B N	979-11-383-0052-0 (14710)
	979-11-383-0050-6 (세트)
정 가	16,000원